AI 超级个体

让**创业**更容易

白红丽 ◎ 著

江西科学技术出版社

江西·南昌

图书在版编目（CIP）数据

AI 超级个体：让创业更容易 / 白红丽著. -- 南昌 ：
江西科学技术出版社，2025. 4. -- ISBN 978-7-5390
-9491-5

Ⅰ. F241.4

中国国家版本馆 CIP 数据核字第 2025RM1087 号

AI超级个体：让创业更容易
AI CHAOJI GETI:
RANG CHUANGYE GENG RONGYI

白红丽 著

出版 发行	江西科学技术出版社
社址	南昌市蓼洲街2号附1号
	邮编：330009　电话：（0791）86623491　86639342（传真）
印刷	三河市双升印务有限公司
经销	全国新华书店
开本	710 mm×1000 mm　1/16
字数	200千字
印张	12.5
版次	2025年4月第 1 版
印次	2025年4月第 1 次印刷
书号	ISBN 978-7-5390-9491-5
定价	78.00元

国际互联网（Internet）地址：http://www.jxkjcbs.com　　　选题序号：KX2025077　赣版权登字：-03-2025-35

责任编辑：范春龙　　　　总 策 划：杨　青　　　出版统筹：柴占伟

策划编辑：杜若婷　张　艺　装帧设计：张　晴　章　越

前言

PREFACE

在很多人看来，创业是件遥不可及的事。没有团队，缺少资源，不懂复杂的市场规则和运营逻辑，即便尝试了，失败的可能性也很高。但最近几年，这种距离感正悄悄消失，越来越多的人选择踏上创业的道路。

这并不是因为大家变得更大胆或者更乐观，而是因为工具的力量变得更强大了。AI 正是那个改变创业规则的工具。有人用它来写作，有人用它来作画，还有人用它探索商业的无限可能。在 AI 的赋能下，一个人即使在资源有限、经验不足的情况下，也可以完成从创意到执行的全过程，把个人的潜能转化为实际的商业价值，于是诞生了"超级个体"。

然而，AI 赋能并不会自动转化为创业的成功。换句话说，AI 只是给了每个人成为超级个体的机会，但有了 AI 工具并不意味着你就能成为超级个体。

要成为超级个体，不仅需要掌握工具，更需要全新的思维方式和执行能力。AI 可以提供丰富的资源，但如何有效利用这些资源解决实际问题，才是关键。超级个体的诞生，不是简单的技术应用，而是人与技术深度融合的结果。它要求使用者具备敏锐的洞察力，能够用 AI 解决现实中的具体问题。

比如，一位设计师如果只会用 AI 生成一些漂亮的模板，而不去考虑如何让这些作品更贴合客户需求，那 AI 对他来说不过是个炫技的玩具。但如果他能结合市场趋势和客户偏好，用 AI 优化创意输出并提升效率，他就能以一己之力展现出堪比团队的产出能力。这种转变，才是真正的"超级个体"模式。

超级个体与创业这个话题天然契合。创业的本质，是通过产出商品或服务，为市场提供价值，同时实现个人的目标和愿景。这是一种双向的价值交换：创业者通过满足市场需求，获得资源回报，而市场则因为创业者的创新和努力，变得更加丰富和多样化。超级个体的存在，让这种双向价值交换变得更加高效和灵活。通过 AI 赋能，超级个体能够以更少的资源投入、更短的时间周期，快速将创意转化为可交付的产品或服务，精准触达市场需求。这种能力的延展，既加速了价值的创造，也提升了价值的传递效率。

当然，这并不代表超级个体创业会一路坦途。创业的本质是解决问题，无论 AI 多么智能，都无法取代创业者面对客户、理解市场和做出战略决策的能力。很多时候，AI 会提供多种选择，但它不会告诉人们哪个是最优解。这需要创业者对行业有足够的洞察力，对自己的方向有明确的认知。

如果你对超级个体和创业话题感兴趣，或者想一窥 AI 如何赋能个人打破传统限制，本书将是一个不错的选择。书中对超级个体创业展开了全景式的探索，从 AI 的技术发展到创业思维的转变，再到如何实操落地，每一步都紧扣创业者的核心需求，帮助读者充分了解如何利用 AI 文本、绘画、视频等工具，从零搭建创业项目，探索更具创新性的商业模式和营销策略。

或许你已经开始使用 AI，或许你还在观望，但不可否认的是，它已经成为我们工作和生活的一部分。希望这本书能成为你思考的起点，让你找到属于自己的创业路径，迎接一个更具可能性的未来。

特别需要说明的一点是，为了体现 AI 工具当前在任务处理方面的真实水平，本书保留了各 AI 工具生成的原始回答，未进行任何修改。因此，其中可能会有语法或文字上的瑕疵，敬请读者谅解。

目录

CONTENTS

◆ 导 语 ◆

从 AI 到 AIGC：超级个体的崛起之路

◆ 思考编 ◆

AI 超级个体的创业思考

◆ 工具编 ◆

一站式 AI 运营工具：整合超级个体的创业需求

◆ 模式编 ◆

AI 时代的五种创业模式

◆ 营销编 ◆

AI 营销与业务推广：超级个体的市场攻防

◆ 管理编 ◆

AI 重新定义团队与协作

◆ 结 语 ◆

与 AI 共生的企业未来

导语

从 AI 到 AIGC：超级个体的崛起之路

在技术变革的洪流中，我们正见证一个全新的时代到来。AI 的进步不再只是关注机器的智慧程度，而是将重点放在如何真正改变人们的工作和生活上。这不只代表着技术的升级，更预示着超级个体的诞生，赋予了每个人无限的可能性。如今，凭借 AI 的力量，个人也能撬动世界。每一个有梦想的人，都可以借助技术的翅膀，飞得更高，看得更远。

AIGC：AI 1.0 到 AI 2.0 的拐点

每当谈起当前的 AI 热点话题，都绕不开 AIGC 这一概念。2015 年 6 月，谷歌推出 DeepDream，首次展示了 AI 在艺术创作领域中的潜力，开启了 AI 生成图像的探索之路。2021 年 1 月，OpenAI 发布的 DALL-E 模型进一步让文本生成图像成为焦点，其能力引发了全球范围的热议，被认为是当年最具突破性的 AI 技术之一。随后，2022 年 7 月，Midjourney 凭借其卓越的图像生成效果，迅速获得了大量关注。而在同年 8 月，Stability AI 发布了开源模型 Stable Diffusion，因其强大的性能和较低的硬件要求（仅需一台普通电脑便可运行），吸引了无数开发者和用户的参与。

当然，AIGC 热点事件远不止这些（图 1-1），无法一一细数。而 AIGC 正是在这一次又一次的技术突破和应用发布中，悄然融入人们的日常工作与生活中，加速了技术的普及与应用。

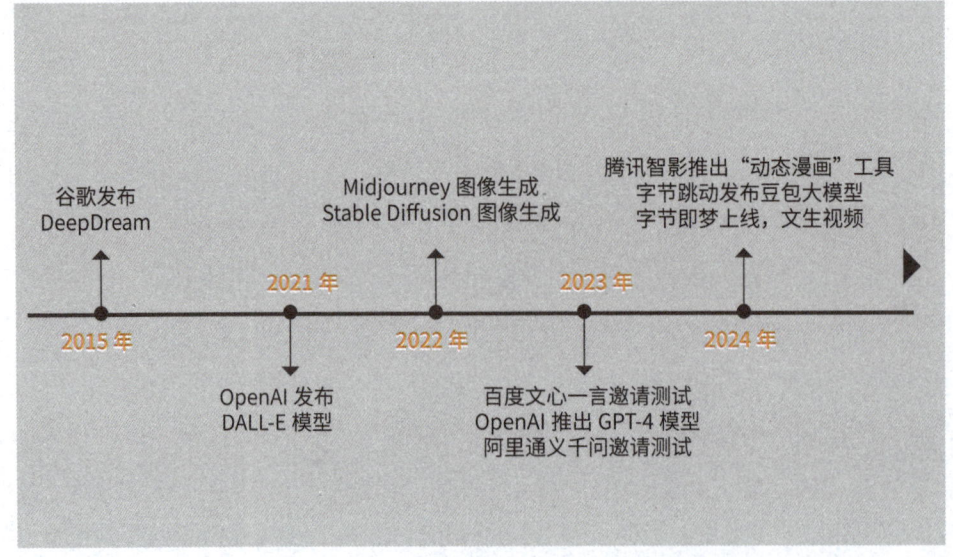

图 1-1 AIGC 部分热点事件

那么，AIGC 到底是什么呢？

AIGC（Artificial Intelligence Generated Content），即人工智能生成内容，指的是通过人工智能技术生成文本、图像、音频、视频、代码等各种形式的内容。

这类技术依托于大规模的深度学习模型，尤其是生成对抗网络（GAN）、变分自编码器（VAE）和基于变换器的预训练模型（如 GPT），通过对海量数据的学习和推理，能够模拟人类的创作过程，生成具有高度创意和实用性的内容。

有些人可能不理解 AIGC 的出现意味着什么。事实上，尽管 AI 已经存在了几十年，但过去一直以各种"机器"的形态存在，这就是所谓的 AI 1.0 生态，也就是工具生态。在这个阶段，AI 被设计为执行特定任务的工具，遵循明确的指令和算法，没有自我学习与创造能力。

举个例子，早期的工业机器人被广泛应用于生产线，它们能够精确地完成焊接、组装等重复性工作，提高了生产效率。但这些机器人只会按照预先设定的程序运行，无法适应新的环境或任务，如图 1-2 所示。

图 1-2 工业机器人在生产线上工作

在 AI 1.0 生态中，AI 被视为比斧头、铁锹等高级一些的工具，用于减轻人们的体力和脑力劳动负担。它们的出现解决了大量重复性、枯燥的工作，比如 Excel 中的自动化公式或物流系统中的路径优化，这类 AI 在执行和计算速度上无疑具有优势，能够处理大量信息，并按照既定的逻辑给出最优解，让人类能够专注于更具创造性和决策性的事务。

然而，1.0 阶段的 AI，能力局限于人类给予的指令和数据，无法突破预设的框架。就像传统的语音识别系统只能识别有限的指令，对于复杂的语言表达无能为力。这是 AI 1.0 生态的典型特征：专注于特定任务，缺乏灵活性和自主性。

不过，随着计算能力的提升和算法的进步，人类开始探索让机器具备自我学习和创造能力的可能性。这一追求催生了 AIGC 的出现，将 AI 带入了 2.0 阶段。

AI 从 1.0 阶段到 2.0 阶段不是一下子过渡完成的，自机器学习技术的兴起到 AIGC 的模型诞生，再到转化为工具面向公众，这是一个漫长的过程。

但是当 AIGC 真正进入大众视野开始时，AI 终于实现了从"工具"到"创作者"的生态跨越。此时的 AI 已经不再是单纯的任务执行工具，而是展现出某种程度"创造力"的智能体，能够生成各种新内容，如图 1-3 所示。正是这种自主生成能力的出现，才使得 AIGC 成为 AI 1.0 到 AI 2.0 的真正转折点。

图 1-3 AI 2.0 阶段的创作者生态

过去，创造力一直被认为是人类独有的能力。可 AIGC 的出现打破了这种认知，AI 也能生成文本、图像、音乐等富有创造力的内容。这激发了人们对创意和智能的重新思考：AI 的"创造"是否等同于人类的创造？ AI 生成的内容能否被视为真正的创新？

创造力可以有两种理解：一种是从无到有，创造出全新的事物；另一种是在原有的基础上，加入新的元素或进行新的组合，从而生成新的内容。目前，AI 所谓的创造力属于第二种。

具体来说，AI 是在学习和归纳大量已有数据的基础上，将内容进行重组、归纳并生成新的内容。以 ChatGPT 为例，它通过学习海量的文本数据，掌握了语言的结构和表达方式，当接收到用户输入的指令时，可以快速生成连贯的回应。但这些回应都是基于已有信息的组合和重组，而非完全从无到有的创造。

因此，AI 的创造力与人类的创造力有本质的区别。人类的创造力不仅包括对已有知识的应用和创新，更包含了直觉、情感、灵感等主观因素，可以在没有明确参照的情况下，创造出全新的概念、艺术形式和科学理论。比如，爱因斯坦提出相对论，并非基于对大量数据的统计分析，而是通过深刻的思考和独特的视角，突破了当时物理学的桎梏。

总结成一句话来说就是，AI 具有创造性，但不具有原创性。

这并非在贬低 AIGC 的价值。恰恰相反，AIGC 在很多领域都有重要的应用价值。例如，在辅助创作方面，AI 可以提供灵感、生成初稿，帮助人类打破思维定式。在科研领域，AI 可以快速分析大量数据，发现潜在的规律和模式，辅助人类的研究。

所以，在 AI 2.0 的世界里，人类与 AI 的合作从工具层面上升到了一种"共创"的关系，AI 不再是被动接受指令的工具，而是与人类共同创造、共同进化的"智慧伙伴"。

不过，我们需要清醒地认识到，AI 的"智慧伙伴"身份是有限的。它能够帮助我们，但无法完全取代人类的创造性思维。我们应当珍视人类独特的原创力，同时善用 AI 的工具性和辅助性，将人类的智慧与 AI 的能力相结合，创造更美好的未来。

超级个体诞生：AI 如何赋予个人无限可能

曾几何时，想要在某个领域有所成就，必须经过十数年的磨砺与积累。"宝剑锋从磨砺出，梅花香自苦寒来。"说的就是这个道理。

比如，著名画家达·芬奇，从小就被送到画室当学徒，日复一日地在严格的训练中打磨自己的绘画技巧。音乐家贝多芬也是如此，他的父亲对他的训练极为严格，以至于童年的他很少有玩耍的时间。正是这般严苛的训练和多年的积累，才造就了他们日后的辉煌。

无论是绘画、音乐、写作，还是编程开发，不管哪个领域，普通人想要有所成就，都需要付出大量的时间和精力，以至于很难有人可以同时涉猎多个领域。

然而，AIGC 的出现改变了这一现状，击碎了那些原本看起来高不可攀的专业门槛，使得创作不再是少数专业人士的专属，而是成为大众皆可参与的活动。人们不再受限于自身的技能水平，只要有想法，便可借助 AI 将其实现。

比如，一个从未正式学习过绘画的人，借助先进的 AI 绘画工具，也可以创作出精美的画作；一个对音乐理论一知半解的爱好者，也能利用 AI 音乐生成软件，创作出动听的旋律。

AI 对个人能力的赋能，极大地激发了人们的创造力和主动性。于是，人人皆可成为多面手，复合型人才不再只是凤毛麟角，而有可能成为未来的主流，如图 1-4 所示。

图 1-4 复合型人才

更令人惊喜的是，AI 不仅能帮人们快速入门，还能显著提高工作的效率和质量。

我们每个人的一天都只有 24 小时，而大部分的时间都被毫无成就感的重复劳动所占据，常常陷入时间不够用的焦虑中。但在 AI 的加持下，这 24 小时的价值可以被无限放大。因为当 AI 可以承包那些毫无成就感的重复劳动。

当人们释放出更多的精力，创造力和思考就成了新的增长点，人们不再受限于传统的时间分配和专业限制，而是能够同时探索更多创作方向，从而实现多线程的创意产出。

举个例子，对于内容创作者来说，真正闪耀的创意往往只是整个创作过程中的一小部分。为了达到这一部分的高光时刻，创作者前期不得不投入大量时间搜集灵感、信息汇总和内容修改，这一过程实际上耗费了大量精力，却很少带来额外的创作价值。

在 AI 的协助下，这种创作方式被彻底颠覆。繁杂、低效、耗时的流程，都能由 AI 高效执行，创作者创作内容无须从零开始，也不必困于如何入手的窘境，而是可以基于 AI 提供的素材去进行再创作和细节打磨，迅速进入深层次的思考和个性化表达中，解锁真正的自由创作体验。

更重要的是，借助 AI 的能力，创作者可以将自己的想法用各种形式呈现出来，如文字、图片、视频、音乐等，不再因为受到专业门槛的限制而感到"隔行如隔山"。

如此看来，AI 最大的价值在于让我们每个人都拥有了成为"超级个体"的潜力。

你不必成为一个全面的管家来应对所有创作任务，而是可以专注于自己擅长的部分，而那些需要专业知识但缺乏创造性乐趣的部分，则交由 AI 辅助完成。在这样的合作关系中，AI 的效率与人类的创意形成了一种互补式的共鸣。

有人或许会担心：专业门槛的降低对那些付出了十数年的辛勤努力的人来说公平吗？ AI 的介入会不会扼杀人类的原创力？

我们需要认识到，AI 并不是各个领域的速成大师。它虽然能让一个毫无经验的人实现从 0 分到 60 分的跨越，但在各领域的深度和创造力方面，AI 远不能与最顶尖的人才相媲美。

大多数时候，人们利用 AI 工具生产内容是为了应对日常任务，而非追求艺术价值。而真正体现原创力价值的深耕领域，才是那些具有多年经验和独特见解的人们发挥的舞台。这本质上是两条不同的赛道，无法进行简单比较，自然也谈不上公平与否。

至于 AI 的介入会不会扼杀人类的原创力，历史已经给出答案。历史上的每一次技术革命都曾引发类似的担忧。然而事实证明，摄影技术的出现并没有取代绘画艺术，反而促使画家们探索更具表现力的艺术形式；印刷术的普及也没有消灭手抄本的价值，反而使知识得以更广泛地传播。同样，AI 的介入不会扼杀人类的原创力，反而会推动人们拓展创作的边界，使得一些原本对新领域不熟悉的人们，轻松实现跨界创作。

举个例子，一位小说家在构思故事情节时遇到了难题。他笔下的主人公是一位程序员，而他对编程领域并不了解，因此很难刻画出真实的技术细节和工作情境。为了弥补这一不足，他需要花费大量时间去学习编程知识，到真实的工作环境中与程序员们相处，如果做不到这些，就无法创作出更加饱满、独立的角色形象。

但现在，借助 AI 工具即可获取与小说直接相关的部分专业知识，了解程序员的工作内容、常用的工具语言，以及面对技术难题时的心路历程等。AI 提供的信息不仅填补了他在技术方面的空白，更在效率方面碾压传统的学习方式，让那些原本很难完成的事情，变得唾手可得，从而让小说家敢想、敢写，创作过程更加顺畅。

所以，AI 的介入不仅不会扼杀人类的原创力，反而会激发新的灵感，提升人们的创造力与创新能力。

当学习的门槛降低，个体生产力提升，创造力得到增强，超级个体也就诞生了。

超级个体的"超级"，不仅体现在他们掌握多种技能上，更重要的是他们能将这些不同的技能结合起来，创造出全新的价值和解决方案。这种综合性能力，使他们能够独立完成以往需要整个团队配合才能完成的任务。

从另一个角度来看，超级个体也代表了一种更加独立的工作模式。以前，人们工作习惯于依赖公司的资源、同事的协作，甚至上级的决策，个体只是公司运营过程中的一枚小小"螺丝钉"。

现在，超级个体通过技术手段实现了独立自主。他们不仅仅是 AI 工具的使用者，也是 AI 工具的驾驭者，甚至有能力根据自己的需要去调整或创造工具。AI 工具的能力已经成为超级个体的能力，只要 AI 工具能做到的事情，超级个体就能做到。他们更倾向于自主管理项目，这不仅减少了依赖上级决策的需求，也使得工作进程更加高效和灵活。

例如，在一个项目中，超级个体可以独立完成从数据收集、分析到报告制作的所有环节，替代一个团队（图 1-5），这种工作模式大大提高了效率并缩短了项目周期。

图 1-5 超级个体相当于一个团队

这种独立的工作模式，让超级个体在职业生涯中拥有了更多的主导权和决策自由，他们可以更快速地响应市场变化，更精准地满足客户需求。他们的存在挑战了传统的工作分工和组织结构，也重新定义了个体在职场中的角色和价值，为企业和社会带来了更多的机遇和可能性。

AI 技术革命带来超级个体创业新机遇

有一个现象很有意思：超级个体成长到一定程度，大概率会选择创业或自由职业。

这其实是因为超级个体可能不适合传统组织结构。

很多超级个体在职场中，可能会因为能力超群而感到受限。超级个体的优势在于 AI 所赋予的多才多艺的特性，使他们能够跨越不同的职能领域，自如地应对各种挑战。然而，传统组织常常有明确的岗位分工，比如设计师负责设计，营销人员负责市场推广，项目经理负责进度控制。而超级个体，尽管能够在这些领域中游刃有余，却被要求专注于单一任务。这种过度的角色限制，剥夺了他们的多样化能力，限制了他们的工作自由度。

同时，这种限制还体现在工作进程的推动上。超级个体往往能够快速完成任务，但讽刺的是，完成任务之后，他们却不得不等待其他环节的进展，比如审批、反馈，或者其他部门的配合。这种等待对于超级个体来说，不仅是一种效率上的浪费，更是一种内在的挫败感。他们想要推动一个新想法，需要经过无数的会议、讨论和审批，而当最终得以实施时，市场环境可能已经发生了变化。这种被外在节奏限制的感受，使得他们认为传统的组织结构正在束缚他们的创造力和效率。

值得一提的是，超级个体往往对自己的工作成果有很强的责任感，他们希望自己的工作能立即产生影响并得到反馈。然而，在传统组织中，工作成果的归属感会被团队分散，每个人只负责其中一部分，而整体成果可能是集体决策的结果。

这对于超级个体来说是一种割裂感：他们虽然贡献了重要的部分，但无法全权掌控整个过程，也无法为最终成果完全负责。这种模糊的归属感让他们觉得自己被锁在了组织结构的齿轮中，无法自由发挥自己全部的潜能。

在这种情况下，超级个体的创业倾向越来越强。不仅是因为他们能"顶替一个团队"，更是因为他们具备了更高的自主性、创造力和效率，而创业恰恰能为这些特质提供充分展现的舞台。

那么，超级个体的创业前景如何呢？

答案无疑是十分广阔的！AI 技术革命打破了创业中最常见的瓶颈——资源匮乏和团队构建的难题。在传统创业环境下，创业者需要整合大量资源才能艰难起步，技术团队、市场团队、资金支持等缺一不可。而且，凑齐这些资源还只是第一步，接下来还要面临管理和协调的挑战，确保整个系统高效运转。这对大多数个人创业者来说，是一座难以逾越的高墙。

然而，AI 技术发展到今天这个地步，极大程度上降低了这些要求。可以想象，一个人凭借 AI 工具，基本上可以解决从产品设计、市场推广到用户反馈等多个环节的问题，这在过去几乎是不存在的，现在却成了可能。当然，这里不是说 AI 彻底替代了人类的创造性或者管理能力，而是在强调，它让一个普通个体可以高效整合原本需要多个职能分担的工作。

我们常说"创意重要"，但创意如果无法落地实现，那就只是空谈。AI 正是把创意快速变为现实的工具。比如，你想到的一个产品雏形，AI 可以帮你生成设计原型；你有了一个市场推广的点子，AI 可以帮你写出精准的广告文案。这大幅缩短了从想法到实施的时间，可以让超级个体创业者更容易在市场上占得先机。

而这种先机，也为超级个体创业带来另一个重大创业机遇——市场的响应速度提升到了前所未有的水平。传统创业中，一个想法从提出到市场验证，可能需要几个月甚至更长的时间；而超级个体借助 AI，可以在几天内获得初步的市场反馈，并基于这些反馈迅速调整策略。这样一来，创业不再是高投入、高风险的长期博弈，而是可以进行快速试错和灵活调整的过程，从而衍生出一种新的商业逻辑——不是先谋定而后动，而是边走边看，边试边调。对于那些灵活度高、行动力强的超级个体来说，这正是他们的强项。

再进一步看，这种快速调整的商业逻辑，实际上赋予了超级个体一种前所未有的市场敏感度。传统创业者往往由于资源有限，无法进行大规模的市场调研或数据分析，导致他们只能依靠经验或直觉做决策。而 AI 工具可以实时捕捉市场动态，分析用户行为，甚至预测未来趋势，让超级个体在创业过程中随时掌握最新的市场信息。这种精准的洞察力，不仅节省了成本，还有助于找到更精准的市场切入点，避免了无谓的资源浪费和机会错失。

当然，还有一个很现实的点是，AI 降低了全球化创业的门槛。过去，要将业务拓展到海外市场，需要克服语言、文化和法律等方面的复杂障碍。而现在，AI 翻译和全球市场调研工具使这些障碍变得相对简单。超级个体完全可以在家里，通过 AI 技术分析全球市场需求，设计符合当地文化的产品，并且通过自动化工具将其推向国际市场，如图 1-6 所示。这种全球化的机会，对于过去需要大量资金和人力支持的创业者来说，一度是不可想象的，如今都唾手可得了。

图 1-6 超级个体在家即可利用 AI 工具进行全球化创业

总结下来，超级个体的创业机遇不仅在于 AI 技术增强了他们的能力，更重要的是，AI 技术革命彻底改变了创业的规则和路径。创业不再是过去那种高门槛、高投入的风险行为，而是一种更灵活、快速、低成本的探索模式，更多人因此能够参与进来，挖掘出传统创业者无法触及的市场和机会，走出多样化的创业之路。

思考编

AI 超级个体的
创业思考

在这个 AI 驱动的时代，超级个体创业并不需要按照传统企业的模式去复制，而是要充分利用自己具备的多面能力和 AI 工具，走出不同于常规的创业路径。

但创业从来不是一场轻松的旅程，它更像是一场自我与世界的较量。对于超级个体来说，AI 赋予了他们前所未有的能力，但也让他们必须面对新的挑战。因为决定创业成败的，不仅仅是技术，还包括内心的准备。每一个想法的诞生都伴随着风险，每一次选择都可能走向失败。如何在失败面前不退缩，如何在繁杂的市场中找到清晰的方向，都是超级个体的必修课。

审视：你真的准备好创业了吗？

创业总是让人充满期待，每个创业者都曾在脑海中描绘过成功的画面，但现实却没有那么简单。AI 工具虽然能提供巨大的支持，但并不能替代个人对自身定位的深刻理解，这决定了最关键的创业方向。

所以，在开始创业之前，超级个体首先要做的，就是审视与思考（图 2-1）。

图 2-1 审视与思考

对于超级个体来说，自我审视最核心的问题是：你是否足够了解自己？展开来说，包括你擅长什么？不擅长什么？你能扛住压力吗？你能玩转手里的 AI 工具吗？你能做到持续学习吗？

接下来，我们一个一个来拆解这些问题，引导超级个体在创业前进行一次全面的自我审视。

▶ 第一个问题：你擅长什么？

根据创业自我效能理论，创业者的自信和对自己能力的信念，直接影响他们能否应对创业中的各种挑战。所谓"自我效能感"，就是你是否相信自己能胜任特定任务。如果你在某个领域表现出色，那么遇到问题时，你会更有信心去解决它；反之，在不擅长的领域，信心不足可能会让你在面对挑战时感到迷茫。

创业不是一个"什么都会、什么都做"的过程，而是要专注发挥自己的长处，同时通过团队或资源弥补短板。尽管 AI 可以帮助超级个体完成很多任务，但超级个体不可能在每个领域都亲力亲为、面面俱到。AI 再强大，也只是工具，它能够加速流程、自动化部分操作，但如果超级个体对领域内的核心要点一无所知，就无法真正利用这些工具高效地推动业务发展。

这就是为什么创业成功仍然取决于超级个体本身是否能够专注于发挥自己的核心长处。AI 可以在个体擅长的领域帮助其更快速地完成任务，但前提是个体本身要清楚地知道自己的优势在哪里，能够指挥这些工具为自己服务。

因此，创业前要做的第一步，就是深入评估个体的核心能力，明确哪些方面是真正的优势，哪些领域可以通过 AI 或外部资源来支持，从而精准发力，集中优势资源。

以下四种科学性强且可操作的方法可作为参考，能够帮助超级个体更精准地评估和识别自己的核心能力。

❶ STAR 法回顾成功案例

STAR 法（情境 Situation、任务 Task、行动 Action、结果 Result）是一种结构化的回顾方法，有助于梳理个人的成功案例，从中提炼出核心优势。

举个例子，假设你在过去的工作中成功开发了一款提升用户体验的应用。用 STAR 法分析这一成功案例：

情境：简明扼要地描述当时遇到的背景情况和挑战。例如，过去的某一季度，公司用户活跃度显著下滑，导致业绩受到影响。

任务：确定你当时承担的具体责任和目标。比如，你的任务是重新设计应用的用户界面，以提升易用性和用户黏性。

行动：详细描述你采取的实际行动。这里要尽量具体，包括你如何主导 UI 改版，怎样引入用户反馈机制，以及如何设计测试流程等细节。

结果：用数据呈现成效。比如，"用户活跃度增加 30%，客户满意度提升 25%"。这种量化结果不仅能证明你的能力，还能为创业方向提供信心支持。

假设在以上过程中，你展示了产品设计和用户体验优化的能力，并通过精准的用户需求把握提升了满意度。这就可以作为你在创业时的核心竞争力，特别是在打造用户驱动型产品时，可以充分借助 AI 来分析和应用用户反馈，以精准快速迭代产品设计。

❷ 数据驱动的绩效分析

借助数据分析工具（如 Excel、Tableau 等）整理和量化自己过去的绩效指标，通过数据看出自己在哪些方面表现优异。

举个例子，假设你是一名市场策划，可以收集近几年的项目或工作数据，比如 ROI、客户增长率、项目完成时间等。然后利用 Excel 或 Tableau 将数据进行图表化，突出绩效最优的部分。

比如，通过分析过去 3 年内策划活动的数据，得出活动平均 ROI 为 150%，其中社交媒体推广的 ROI 最高，达 200%。这表明你在社交媒体推广和活动策划方面有优势，可以在创业中主打这一领域，并借助 AI 广告投放和数据监测工具，实时优化推广效果。

❸ 反馈评估法

反馈评估法依靠外部视角深入了解自己在团队协作、时间管理等方面的优势，可以帮助挖掘被忽略的潜力。

这首先需要挑选与你有过密切合作的人，如同事、领导、客户等，尤其是那些在项目中见证了你多方面表现的人。然后针对创业所需技能，设计一些开放式问题，比如："在项目管理中，我在哪些方面表现突出？""你认为我的工作风格有哪些亮点？"这样的问题能引导反馈人从多个角度提供意见。找到其中与创业相关的核心能力。

比如，多人反馈你在时间管理和跨团队协作上有突出表现，你的创业方向可以侧重于高效管理，借助 AI 协作工具来统筹资源、跟踪进度，从而让管理更加智能化、透明化。

❹ 霍兰德职业兴趣测试

霍兰德职业兴趣测试，也叫 RIASEC 模型，是由心理学家约翰·霍兰德（John Holland）提出的职业兴趣理论，用于评估个人的职业兴趣类型，帮助人们了解自己更适合从事哪类职业。

霍兰德认为，职业兴趣可以通过六种类型来划分，包括现实型、研究型、艺术型、社会型、企业型和常规型。每个人都拥有不同类型的兴趣组合，而不同职业领域也适合不同的兴趣类型。

现实型喜欢动手操作，偏好机械、工程、农业等实践性、操作性强的工作，适合技术型、手工类的职业；研究型热衷于研究和分析，倾向于解决问题和探索知识，适合科学、技术、数据分析等领域；艺术型注重自我表达和创造力，适合艺术、设计、写作等需要创新和表达的职业；社会型喜欢帮助他人、与人交往，适合教育、咨询、社会服务等与人沟通密切的职业；企业型偏好组织、领导和管理，追求影响力和社会地位，适合商业、管理、销售等领导和决策相关的职业；而常规型喜欢结构化、秩序和规则明确的环境，擅长数据和文书处理，适合行政、财务、审计等系统性、组织性强的工作。

经过测试后，超级个体可以根据测试结果了解自身的创业取向和个体优势。比如，创业需要决策能力、组织能力和市场敏锐度，企业型特质正好契合这些需求。如果测试结果是企业型，那么，创业中的资源整合、市场开拓、业务扩张等任务都较适合发挥超级个体的特长。

▶ 第二个问题：你不擅长什么？

很多人创业失败，不是因为他们没有发挥好优势，而是因为他们没认清自己的短板，以为只要有拼劲，就能弥补一切不足。但实际上，这样的想法是不现实的。

创业者，尤其是超级个体，往往拥有多方面的技能，但并不意味着能在所有领域都驾轻就熟。再厉害的创业者，也有不擅长的地方，如果在创业过程中忽视了这些短板，可能会导致项目在后期发展中受限甚至失败。

举个例子，假设超级个体创业者是位技术高手，但在财务、法律方面经验不足。如果他不够重视这些内容，就可能会因为资金运作不当导致财务问题，或者因为合同疏忽带来法律风险，最终影响业务的正常开展。认清这些不足并不意味着需要自己成为财务专家或法律专家，只是需要找到合适的方法和资源来补齐这些短板，比如找合作伙伴、顾问，或者外包给专业人士。

在认清短板的过程中，完全不懂的内容是没有争议的，但有一些领域，超级个体自己也略知一二，怎么判断自己是否不擅长呢？以下这些专门的方法可以参考。

❶ 关键任务记录法

超级个体可以在一段时间内（如一个月）记录自己每天的核心工作任务，尤其关注那些花费大量时间但收效甚微的任务。通过分析这些任务记录，可以直观地看到自己在处理某些类型工作（例如财务分析、法律合同审阅或团队沟通）时的瓶颈，进而明确自己在哪些领域有短板。

假设超级个体发现自己在财务整理和项目进度协调方面花费时间最多，但收效不大，往往需要返工，那么这就说明其可能在财务或管理协调方面存在短板，可以考虑通过学习、培训或引入专业支持来解决。

❷ 偏好与回避分析

我们每个人在面对不熟悉或不擅长的任务时会不自觉地回避它们，这种行为可以帮助超级个体识别潜在的短板。

超级个体可以记录一段时间内自己回避的任务类型（如处理合同条款、财务报表或团队冲突），并分析原因。假设超级个体在工作中经常回避复杂的财务报表分析，甚至在重要的合同细节上经常想要"走捷径"，这就可能表明财务和法律分析是自身的短板。如果这些任务与创业的核心业务有关，那么可能需要引入外部支持或考虑合作伙伴来弥补这些领域的不足。

❸ 时间分析法

时间分析法主要是通过分析超级个体的时间分配，来判断在哪些任务上投入了不必要的时间，或者在哪些领域效率较低。

采用该办法需要记录超级个体一周的工作时间分配，尤其是那些需要反复调整或重复做的任务。例如，如果发现超级个体在团队沟通或项目管理工具的使用上投入了过多时间，这可能表明其在沟通协调或工具运用上存在短板，可以考虑通过团队协作培训，或引入擅长管理的伙伴来弥补。

❹ 自我效能清单法

自我效能清单法是通过罗列与创业目标相关的任务清单，并对每项任务打分（如从 1 到 5），反映出超级个体对完成每项任务的信心度和能力水平。分数较低的任务即为短板领域，表示可能需要进一步的培训或外部帮助来弥补这些不足。

借助这种方法，超级个体可以直观判断自己对不同任务的自信度和实际掌握情况。例如，超级个体可以列出核心创业任务如市场推广、财务管理、技术开发等，并逐项打分。如果在"财务管理"和"合同审阅"上给自己打了低分，这就表明财务和法律可能是短板，可以通过引入财务顾问和法律顾问来补充这些方面的不足。

▶ 第三个问题：你能扛住压力吗？

创业是一场"持久战"，不仅意味着漫长的时间投入，更意味着心理上的巨大挑战。对于超级个体来说，尽管他们借助 AI 工具减少了许多烦琐任务，但创业中遇到的挫折仍会接踵而至，比如资金紧张、市场需求的快速变化，或是产品推广失败。这些问题往往不是依靠 AI 就能解决的，它们直接考验着创业者的心理韧性。

根据创业者心理资本理论，心理韧性、乐观和自我效能感是创业成功的重要支撑。

心理韧性指的是遇到挫折后的反弹力。它让创业者在遭遇失败时能够迅速恢复，避免在压力面前屈服。心理韧性越强，创业者在面对问题时越能保持理性，继续前进。

乐观的心态帮助创业者在逆境中依然看到潜在机会，促使创业者在面临困境时不会立刻陷入消极，而是积极寻找解决办法。

自我效能感指的是对自己能力的信心，特别是在面对挑战时，是否相信自己能够处理好问题。自我效能感可以帮助创业者在压力下依然保持行动力，而不是轻易放弃。

要认清自己是否具备足够的抗压能力，以下方法可以作为参考：

❶ 心理资本测试

超级个体可以通过心理资本测试，系统评估自己在心理韧性、乐观、自我效能和希望等方面的得分，从而更加客观地了解自己在面对压力时的心理素质。如果测评结果显示自身的韧性或自我效能感较低，可以考虑进行心理训练或咨询，从而在创业前做好必要的心理准备。

❷ 情境模拟训练

情境模拟训练指的是，在创业前模拟一些可能遇到的挑战情境，观察自己的反应。例如，超级个体可以假设自己在短期内遇到产品销售下滑、客户反馈不佳，甚至资金链断裂的情况，看看自己会如何应对这些"危机"。

这种情境模拟不仅可以帮助超级个体提前准备，减少实际创业中面对类似情况时的情绪波动，还能在每次模拟后找到情绪管理的改进之处。

❸ 情绪日志法

情绪日志是一种记录情绪波动及其原因的有效方法，能够帮助创业者识别自己在不同情况下的情绪反应模式。

在具体实施方面，超级个体需要在一段时间内，每天记录压力源、情绪反应以及应对方式，分析其中的规律。通过一段时间的记录，超级个体可以清楚地看到哪些情况最容易让自己情绪失控、压力增大，并采取针对性的措施调整，例如在关键任务前做深呼吸或冥想，缓解情绪。

▶ 第四个问题：你能玩转手里的 AI 工具吗？

与传统创业者不同的是，超级个体的创业依赖于对 AI 工具的高效运用，来提升业务效率、优化管理流程和做出快速决策。但这里的问题在于，超级个体是否真的能够灵活自如地驾驭这些工具？

毕竟同样的工具，在不同人手里会有完全不同的效果。有的人能把工具用得"花样百出"，甚至能让多种工具之间形成联动，而有的人只能停留在简单操作上。因此，超级个体需要审视自己对这些工具的掌控程度。

具体如何审视，我们可以从 AI 工具的应用深度、灵活性、协同能力和创新潜力四个角度来评估。

❶ 应用深度评估

很多人在使用 AI 工具时仅仅停留在基本功能上，而超级个体想要创业，就必须深入了解工具的操作细节和用法，进一步探索出它们在复杂场景下的价值，以此超越普通操作的局限。

超级个体想要评估自己对 AI 工具的应用深度，可以通过"专项任务挑战"来测试。选择一个常用工具，制定一个高于日常任务的"深度应用"目标。

假设你通常使用 AI 数据分析工具生成基本的销售报告，现在可以设定更高要求：用数据工具分析客户行为变化，找到潜在需求或细分出市场趋势。然后按照目标来完成任务，并记录下完成这个任务的难度，分析遇到的主要障碍，评估自己能否有效地利用工具的高级功能并获取洞察。这种评估方法可以帮助你发现自己是否能从工具中获得更多实际业务价值。如果难以完成，则说明在工具的深度掌握上需要加强。

❷ 灵活性评估

在创业中，市场环境和用户需求随时可能发生变化。普通用户往往习惯于按照既定方式使用 AI 工具，甚至在遇到新情况时容易产生操作瓶颈。然而，超级个体想要创业，必须能在复杂情况下灵活调整工具的使用方式，将工具优势发挥到更贴合业务的方向上。

在评估的时候，超级个体可以选择一个自己熟悉的 AI 工具，测试是否能在新场景中自如调整。

假设你目前熟悉文本生成工具，可以尝试用它来处理不同类型的内容需求，比如从产品描述、社交媒体文案、客户邮件回复等多个场景中灵活切换。观察自己在这种"换场景"过程中是否能快速调整思路、找到适合的新用法。

如果能够较顺利地切换内容类型，说明自己在学习迁移和技能灵活应用方面有较强的能力，这在创业过程中非常关键，因为市场需求是多变的，不同任务要求各不相同。若在转换过程中出现困难，或发现自己对新应用场景有抵触，也说明自己可能在应对新需求时需要更多的学习时间和支持。

❸ 协同能力评估

普通用户往往会将工具孤立使用，依次使用单个工具手动转化数据或任务。而单个 AI 工具的能力有限，往往不能满足复杂的业务需求。因此，超级个体在创业前需要考虑，自己是否能将多个工具整合起来形成一个完整、流畅的工作链。

具体来说，超级个体可以通过设计"全流程任务"来检测多工具联动的操作性。选择一个涉及多项 AI 工具的完整项目任务，比如制作一段多媒体营销内容，依次使用文本生成工具撰写脚本、绘图工具生成视觉素材、音频工具制作配音，再将所有内容整合到视频生成工具中。

在整个过程中，重点观察工具应用之间数据和内容的衔接效率，记录是否出现数据格式不兼容、操作流程脱节等问题。若能顺利完成并有效整合，说明在工具协同方面具备较强的掌控力；若遇到明显卡顿或反复操作，则说明在多工具配合的掌握上还需进一步提升。

❹ 创新潜力评估

真正优秀的超级个体不仅能够"会用"工具，还能通过独特的思维方式发现工具的新用途，从而为自己的业务带来创新。这种"用出新意"的能力，往往体现在超级个体对工具的应用超越了既有功能边界，把工具的使用变成一种创造过程。

在评估的时候，超级个体可以选择一项熟悉的 AI 工具，尝试找出新的应用方法或独特的组合方式。比如，在推荐系统之外用文本生成工具来定制用户体验，增加互动性，或用绘图工具生成品牌个性化的互动素材等。在完成的过程中，要记录下新的应用点是否带来了实际效果，是否能与现有产品或内容形成差异化。

通过这种评估方式，超级个体可以真实地感受到自己是否具备独特的工具使用思维。若创新应用较难形成实际效果，则可考虑增加在设计、交互上的学习，以提升创新思维和工具组合的能力。

▶ 第五个问题：你能做到持续学习吗？

创业从来不是一蹴而就的，而是一个持续学习和适应的过程。市场在变化，AI技术在更新，消费者的需求也千变万化。如果超级个体停滞不前，最终会被淘汰。所以超级个体创业必须具备强烈的学习欲望和持续学习的能力。

这一点在 AI 领域尤其重要，因为 AI 工具的更新速度往往超过了普通用户的适应速度。超级个体需要定期审视自己的技能储备，是否能够适应市场和技术的变化，并主动填补短板。

一个很典型的例子是，短视频内容领域的创业者，起初只需掌握基础的视频拍摄和剪辑技术，然而，当市场上更多人进入这一领域后，竞争加剧，用户期待看到更有创意、互动性更强的内容。这时，创业者就需要掌握更高阶的技能，如 3D 建模、动画制作，甚至引入 AI 驱动的个性化推荐算法，以便在海量内容中脱颖而出。

所以，在创业开始前，超级个体可以先通过以下方法来评估自己的学习能力。

❶ 学习适应测试

一个简单直接的评估方法是，选择一个完全陌生的、与创业方向相关的 AI 工具进行"快速上手"测试。

举个例子，如果超级个体的创业计划涉及视频内容，那么可以尝试使用视频生成工具，并设定 3 天左右的学习目标。假设目标是了解其基本功能，并能熟练操作。接下来，按照设定的学习任务和时间限制，观察自己在短时间内是否能有效掌握操作，是否能够独立完成基础任务。

如果自己能在短时间内掌握并应用自如，说明在新工具和新技术上适应性较强，具有良好的学习效率和自我调节能力；如果在学习过程中遇到较多阻碍或感到压力难以维持专注，则意味着自己并不具备较强的学习适应能力，这可能会对创业有所影响。

❷ 学习成果输出评估

评估学习成果最有效的方式之一，就是把学到的知识转化为结构化的输出。

具体来说，超级个体可以设定一个小目标，例如在学会某项 AI 工具的核心功能后，制作一个简单的操作指南或小视频教程，用来呈现自己学到的内容。这种方式要求将刚学的知识以清晰、简明的方式表达出来，从而测试自己在短时间内能否

"学以致用"。

如果超级个体能够顺利地完成，并有条理地呈现所学内容，说明本身对新知识的吸收和理解程度较高，且可以快速形成自己的知识体系；如果在超级个体发现自己制作的内容逻辑不清、表达不顺畅，可能意味着对知识的理解还不够深入，吸收能力也有待提升。

学习成果的输出练习既可以帮助超级个体在短期内了解自己学习的深度，也可以帮助自身完成对知识的巩固和迁移，非常适合在创业前进行，以便让超级个体更加清楚自己在学习新技术时的吸收和运用情况，有助于在未来的创业中提升将知识快速转化为实践的能力。

❸ 技术更新追踪统计

在快速变化的 AI 技术领域，超级个体在创业前需要评估自己是否具备持续追踪新技术的能力。

超级个体可以尝试每周总结最新的 AI 工具更新或行业趋势，比如关注行业内的新闻发布会、订阅技术更新邮件，或加入 AI 和创业相关的社区。当然，整个过程并不是为了让超级个体被动地了解资讯，而是为了观察超级个体能否在短时间内消化信息，并判断其是否适合应用到自己的项目中。

具体而言，超级个体可以设定每周一次的技术追踪日，将本周的行业资讯和新工具进行梳理，记录下可能对项目有帮助的部分，分析其优势和应用场景。例如，如果发现某个新推出的图像生成工具在效果或处理速度上更优，便可以判断是否适合加入现有项目的设计流程中。

如果在整理过程中，超级个体发现自己对技术内容理解不足或信息筛选速度较慢，也可以将此作为后续需要提升的方向。

以上五个问题并没有标准答案，也不是衡量超级个体能否创业的硬性指标，其价值在于为超级个体提供了一个深度自省的框架。通过这次自我审视，超级个体可以了解自己的优劣势、调整创业计划、制订合理的策略，走好创业的第一步。

方向：找到清晰可行的创业路径

如果在经历过自我审视之后，超级个体确认自己当前的状态适合创业。那么，迎面而来的问题就是：创业做什么？这个问题的答案不能凭一时的灵感或冲动决定，而是要通过理性分析和务实考量，找到最清晰的路径。

▶ 确认市场需求

简单来说，就是找到超级个体的优势能满足哪一类"痛点"。先来看看张某是怎么做的：

> 作为一个超级个体，张某的优势是深厚的数据分析和编程技能。张某经过自我审视后，觉得自己的优势在于能快速从海量数据中提炼信息，并能用 Python 等工具进行自动化处理。他想用这个技能创业，但不确定是否有市场需求，于是他开始分析实际应用场景。
>
> 张某发现很多中小电商公司没有精力和技术来进行数据分析，但迫切需要从销售数据中找到提升利润的策略。于是，张某决定切入"数据驱动的电商优化"这一细分市场，推出一个小型服务项目，为电商公司提供每月一次的数据分析报告，帮助他们了解销售趋势、库存需求，甚至通过数据预测下一季的爆款商品。
>
> 为了验证需求，张某先在一些电商论坛和社交媒体上推广自己的服务，并以低价甚至免费试用的方式吸引客户。在几个月内，他发现这个服务有稳定需求，而且客户反响不错。这让他更加确定了自己的方向：以数据分析作为切入点，专注于为中小型电商企业提供高性价比的策略支持。

在整个过程中，找到市场痛点，是张某确认需求的第一步。他明确了自己的核心技能，并深入分析了哪些行业和客户可能需要这些技能。结果他发现自己寻求的方向在中小电商公司的数据分析领域，这一切入点非常精准，恰好能让张某充分利用自身优势展开创业，避免走入"自己擅长却无人需要"的窘境。

▶ 确认创业资源的匹配度

在暂定了创业方向之后，超级个体还需要确认自己手头的资源是否能支持这个创业方向。

比如小周，他是一位程序员，打算创业开发一款健身记录 App，帮助用户制订训练计划、追踪进度。他的技术能力完全可以胜任 App 的开发，但小周的资源匹配度上存在一个关键问题——资金不足。

因为预算紧张，小周只能利用业余时间来开发 App，进度缓慢。同时，缺少资金也让他无法聘请 UI 设计师来优化界面，只能自己设计一些基础功能界面。

结果可想而知，健身 App 市场竞争激烈，用户对界面体验和多样化功能有很高的期望。没有充足的资金支持，他无法在短期内完成一个有吸引力的产品，无法推广，也不能及时收集用户反馈来完善功能。

最终，即便小周的方向是对的，但因为无法全职投入、没有资金进行推广和优化，项目只能停滞不前。

这个例子说明，即使方向正确，资源匹配度不足也会让项目难以推进，导致创业失败。

超级个体在确认资源匹配度时应该考虑到包括但不限于资金、时间等方面的资源。

先来说资金，创业需要成本，创业前看一看自己可以调用的资金，能支持自身坚持多久。假如手头的资金只够支撑三个月，但创业周期却需要半年以上，这种资金和项目的错配会给超级个体带来很大的财务压力。因此，在创业前，超级个体一定要确保资金能覆盖项目的基本周期，或者寻找可以分阶段投入的方向，以减轻资金压力。

再来说时间，创业需要高度的自我管理，尤其在项目初期的运营阶段，对时间的投入尤为重要。确认时间匹配度，实际上是评估超级个体能否在现有生活状态下兼顾创业。如果超级个体有一份全职工作或者生活负担较重，导致时间投入不足，会影响创业的推进，这往往是创业项目失败的隐性原因。

除此之外，空间、设备等也都是可能影响创业进展的资源。比如做线上营销咨询服务，需要一个安静的、适合视频会议的工作空间来与客户沟通，但家中环境嘈杂，且没有专门的办公空间，会导致服务质量受到影响，给客户留下不专业的印象。同时，设备老旧，视频会议时经常出现卡顿或音质问题，也会让客户体验不好。

以上这些，都是超级个体在创业前要确认并妥善处理的资源问题。

▶ 确认盈利路径

创业的最终目标是盈利。即使选择了有市场需求的方向，超级个体的资源也匹配得上，但如果无法实现稳定的收入，还是难以长远。因此，在创业过程中，超级个体需要非常清晰地规划如何赚钱。

简单来说，就是找到稳定增长的变现模式。比如线上咨询服务，可能采取按次收费、按月订阅或增值服务等方式来赚钱；如果是内容创作，则可以通过付费课程、电子书或会员订阅等方式来实现收入。以上这些方式并没有直接的优劣之分，超级个体可以结合具体的业务内容选择。

当然，收入确定之后并不是不能更改，随着创业进程的推进，阶梯式、多样化的收入模式建立，更加有利于稳定现金流。从阿文的创业故事中，我们也能看出这一点的重要性。

几年前，阿文还是一家大公司的技术主管，但他对自己的一项特长一直情有独钟：做各类 Excel 表格并用公式进行数据分析。公司里很多人都找他解决表格难题，而阿文也因为这个特长建立了不小的"名气"。

有一次，他帮一个同事解决了财务表格中的数据分析问题，结果对方建议道："你这么厉害，为什么不直接做个课程，教教大家怎么做表格呢？"

这句话让阿文第一次认真考虑起创业的可能。他决定试试看，但阿文并不打算辞职。他想着就把自己的表格技巧整理出来，做成简单的视频教程，发布到一些知识付费平台上，如图 2-2 所示。

起初，他只是尝试性地上传了几节课程，没想到真的有人付费，而且评价很好。于是他决定多花些时间在这个小项目上，慢慢地，他的课程被更多人看到，甚至引来了很多财务人员的关注。课程收入也逐渐从几十元涨到了几千元。

到了这个时候，阿文开始认真考虑如何让这项业务持续发展。按视频数量付费的模式虽然简单，但也很难让客户长期留存。于是他决定推出进阶课程，并提供长期的知识更新服务，让学员按季度或按年订阅，能获得持续的新课程和技巧更新。这个决定让他的课程从一次性收入变成了稳定的订阅收入，很多学员也因此成为长期用户。

现在，阿文不仅从课程中获得了稳定的收入，还在各个社交平台上积累了不少粉丝。这项原本只是副业的小项目，逐渐变成了一项可以独立运营的事业。阿文也感叹，如果当初只是卖单次课程，也许根本不会走到今天，盈利路径的调整让他终于找到了稳定发展的方向。

图 2-2 阿文制作 Excel 技巧课程

确认了收入方式，还需要进行可行性验证。

验证盈利路径的可行性，一般可以采用 MVP 来进行试运营。MVP，即最小可行产品，指的是创业初期推出一个简单、基础版本的产品或服务，以最低的成本验证市场需求和盈利路径。这不是最终版本，而是一个"试探水温"的方法，通过这个基础产品，超级个体可以看到用户是否愿意买单，以及反馈如何，从而决定是否继续投入，或是调整方向。

在阿文的创业故事中，也体现了 MVP 的思路。初期，他并没有花费大量时间和金钱去制作完善的课程体系，而是挑选了几个常见的 Excel 技巧，录制成简单的入门视频，上传到知识付费平台上。这些视频就是他的"最小可行产品"。通过这些基础教程就可以验证是否真的有人愿意为这类内容付费。

结果很快就出现了，不仅有人购买，他还收到了不少正面的评价，这让阿文意识到自己找到了有市场前景的方向。通过这次 MVP 试水，阿文了解到了用户的需求，同时发现了很多潜在的改进空间。他逐渐在课程内容和讲解深度上进行了调整，吸引了更多学员的关注。

当他看到 MVP 测试的效果不错，且订阅用户逐渐增加后，才决定投入更多精力来制作更系统的课程，并添加进阶的技巧和专属的学习社群。这时，阿文才开始真正地把项目做大。

而这种验证思路本身所透露出来的创业理念，恰好也是我们接下来要着重介绍的风险思考议题：如何减少创业失败的损失。

风险：如何减少创业失败的损失

很多人脑子一热，看着市场上热门项目纷纷涌入，或者发现某个点子好似"稳赚不赔"，就一头扎了进去。可现实远没那么简单，市场需求会瞬息万变，资金流转随时可能遇到阻碍，甚至还没等到盈利，最初的投入就可能已经见底。

来看看王某的故事：

> 在前些年物流还没有如此发达的时候，王某在一座北方小城经营一家水果店。那时候，他看到市场上各类新鲜水果的需求量很大，尤其是在寒冷的冬天，大家更希望能够吃到新鲜的南方水果。
>
> 带着这个想法，王某决定投资开设一家规模更大的水果配送中心，专门服务那些偏远小镇的顾客。
>
> 起初，王某充满信心地在郊区租下了一处不小的仓库，装满了各种当季的新鲜水果，还购置了一辆冷藏车，打算以极低的配送费吸引顾客，扩大服务范围，如图 2-3 所示。

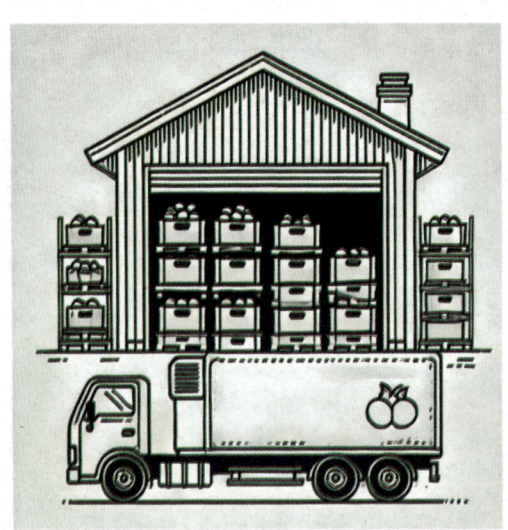

图 2-3 王某创业的场景

可就在仓库正式运营不久，他却发现了几个致命问题。

首先是库存管理。由于没有系统的库存跟踪，王某在高峰时段缺货，而非高峰时却有大量水果积压，导致严重的浪费。他甚至要自己每周两次去市场补货，既花费了时间，又难以保证水果的新鲜度。更棘手的是，物流成本远远超出了他的预期。那辆冷藏车需要定期维护，油费、人工费、仓储费等各种开销让他的预算迅速见底。

在艰难支撑了一年后，王某还是选择了退出。可即便将仓库和库存低价转让，还是没能偿还贷款，欠下了几十万的债务。

回顾创业经历，王某承认自己忽视了供应链环节的复杂性，也高估了一座小城市市场对高价新鲜水果的承受力。而更重要的是，他没有对运营成本和风险做出合理预估，导致在现金流紧张时难以为继。

王某所犯的错误，是许多创业者都会遇到的心理陷阱。他们过于乐观地看待前景，却忽视了自己所处的真实位置。王某在顺境中投入了全部资本，没有留出退路，也没有考虑到市场的变幻莫测，结果在关键时刻被风险反噬。创业中，这种缺乏底线的冒险是一场危险的赌博，它常常让人发现所谓的"机会"转眼成了枷锁。

而那些有远见的创业者是怎么做的呢？他们在创业之前，就已经做好了详细的预案，即便创业失败，自己也不会失去所有。

以下是李某的创业故事，详细列出了她在创业前期做出的所有准备。

五年前，李某在东南沿海的一座二线城市开了一家"零售＋体验"的新型书店。这座城市的年轻人热爱文化活动，但线下活动空间和复合型体验场所很少。

李某敏锐地意识到，传统书店的盈利模式难以持续，仅依靠卖书很难维持高成本运营。她设想，如果能把书店打造成一个多功能空间，或许能吸引那些追求高品质生活的年轻群体，产生稳定的复合收入。

创业之初，李某进行了大量市场调查，分析了本地人群的消费偏好和消费能力。她发现，年轻人更倾向于"读书＋社交＋休闲"的综合空间。因此，她规划了一个包括阅读区、文创商品区、咖啡厅和小型活动场地的书店布局，如图 2-4 所示。

图 2-4 李某的书店

　　为了减少风险，她与多家供应商签订了灵活的供货协议，以便根据销量情况随时调整进货量，避免积压成本。同时，她还为咖啡区设立了试运营期，先进行三个月的小规模投入，看看消费者的反应，再决定是否扩大规模。

　　李某还提前为可能的失败做了详细的预案。她将初始资金分成三部分，一部分用于装修和开业成本，另一部分用于第一年的日常运营支出，最后一部分作为储备金，以备出现经营亏损时能够支撑至少半年的运营。为控制初期风险，李某决定不雇佣全职员工，而是通过兼职团队来维持书店的日常运营，确保在收入不稳定的情况下可以灵活调整人力成本。

　　开业后，这家复合型书店迅速获得了消费者的关注。李某定期举办小型读书沙龙、音乐会和创意市集活动，吸引了大量的年轻人和亲子家庭，形成了稳定的客

源。每逢周末，书店的人流量都很高，文创商品和咖啡厅的收入占了总收入的 40%
以上，成为维持书店盈利的重要来源。

即便如此，李某始终保持着"保守扩张"的思路。每次新增服务或调整业务
模式前，她都会进行一轮"小规模试错"，先试探性地推出，再根据反馈做改进。
这样一来，书店的现金流始终维持稳定，且避免了因盲目扩张而导致的资金链断裂。

几年后，李某的书店逐渐扩展为当地文艺小众的聚集地，周末活动场场爆满。
即使在疫情期间，由于提前做好了线上推广和文创电商的预案，她的书店依然能够
维持运营，并适时推出线上文化产品，与线下体验形成互补，确保了现金流不断。

李某的创业过程展示了她从容的前瞻性和稳健的风险意识。她的成功不仅在于
对市场需求的精准把握，更在于她始终留有"底牌"：将风险控制在可承受的范围
之内，有序扩展，而不是一味追求高风险高收益的短期利益。这个过程是她的书店
稳步走向长久发展的关键。

通过对比王某和李某的创业故事，我们可以得出这样一个结论：创业成功不仅
依赖于对机会的敏锐把握，更依赖于对风险的精细管理。王某的失败并不是因为他
缺乏市场敏感度，而是因为他过于依赖直觉和市场热度，忽视了周全的风险规划。
而李某则将风险控制放在首位，通过小规模试错、灵活的资金管理以及对市场的深
度理解，为自己的创业道路增添了更多的保障。这种对风险的有效管理才是长久生
存的关键。

对于超级个体来说，这种风险意识和管理能力尤为重要。超级个体往往依靠个
人的多重技能和资源来创业，能够快速应对市场变化，但也容易因这种依赖个体资
源的特性，导致自身的抗风险能力较弱。资源一旦耗尽或失去平衡，就可能面临较
大冲击。

凡事预则立，不预则废。为此，超级个体在创业前应想好以下三个问题：

▶ 自身资源是否支持一次性投入且毫不费力？

如果可以，那么大胆去做，即使完全失败，只要本身实力雄厚或者有外部投资者分担风险，就不会对自身造成严重影响。但如果不能，那可以谨慎选择分阶段投入。

市场是动态的，资源分配也应该配合市场灵活调整。相对而言，超级个体的创业也是极其灵活的，这种灵活性赋予了他们极大的优势。与传统创业者不同，超级个体不需要通过大规模的团队建设来实现扩张，他们可以通过 AI 轻松扩大自己的业务覆盖面。

这意味着，超级个体的创业思路应该更多地集中在如何快速调整、迅速响应市场，而不是在一开始就投入大量资源去"建造"一个庞大的系统。AI 技术让超级个体有了"小步快跑"的可能，通过不断的小规模实验和验证，逐步摸索出最适合市场的路径。这种渐进式的方法不仅可以保持战略弹性，还可以帮助他们识别早期的市场信号，在市场反应不佳时迅速撤出或调整。

举个例子，假设超级个体打算开设一系列线上课程，大可不必一下子就投入大量资金去开发完整的网站和课程体系。可以先通过免费的社交媒体平台或小成本的付费推广，发布几个测试课程，用小规模试运行来观察市场反馈。这个过程不仅可以积累真实的用户数据，还可以随时调整课程内容和定位。一旦这些初步测试成功，再考虑逐步增加投入，比如扩大课程类别或优化平台体验。

▶ 如何掌握市场动态来控制市场风险？

风险大多来自决策者对市场的误判，就像王某高估了一座小城市市场对高价新鲜水果的承受力一样。这种片面主观的判断风险系数往往更高。因此，为了更好地了解市场动态，降低市场波动带来的风险，用数据驱动决策无疑是最科学的方式。

数据的优势在于它提供了客观、可量化的依据，帮助创业者在面临选择时更具前瞻性和准确性。

那超级个体需要关注什么数据呢？说回前面的例子，如果超级个体开设线上课程，需要重点关注的可能是学员的注册量、课程完成率、学员评价和转介绍率。这些数据能直接反映课程的市场接受度以及用户体验的优劣，为下一步的优化指引方向。当然，除了那些结构化的数据外，用户评价这类非结构化数据，也能帮助超级个体实时调整课程内容，更快地满足用户需求，这样一来，用户的体验提升，口碑也自然跟着上升。

利用 AI 工具本身就是超级个体的强项，因而在实际操作中，超级个体可以通过简单的客户管理软件或者数据统计分析工具，监测用户行为，包括从点击量到转化率，从活跃时间到用户流失率。如果发现某个环节的转化率持续下降，就要立即分析原因，或许是广告内容没有吸引力，或许是页面设计影响用户体验。快速找到症结所在，及时进行微调，避免更大范围的损失。

值得一提的是，数据驱动的核心在于实践和反馈的闭环。在决策后，及时跟进数据的反馈，关注决策效果是如何呈现的，什么地方得到了优化、什么地方需要进一步改进。通过这样不断反馈的循环，超级个体会逐渐找到市场与业务的"最优解"，而不再依赖个人直觉，市场风险自然可以得到一定的控制。

▶ 你的"心理止损线"在哪里？

人们在面对已经不可收回的投入时，不愿放弃或退出，反而会倾向于继续投入更多资源去挽救。创业者往往容易有赌徒心态，总觉得再坚持一下可能就会有转机。但如果持续亏损，却硬撑着不撤，就可能掉入"沉没成本陷阱"，最终越陷越深，损失更大。

因此，在创业初期，超级个体就要设置好清晰的"心理止损线"。也就是说，如果生意在一定时间内没有达到预期目标，或损失超过某个数额，就及时退出，不再加注。

举个例子，假设超级个体计划创业初期投入 10 万元，那止损线可以设定在亏损到 6 万元左右，也就是损失超过一半时必须果断停下来。当然，这个止损点不是固定的，需要根据个人的承受力来定，但要确保这笔损失不会影响到生活的基本保障。同时设定一个时间期限，比如在六个月内，如果没有实现每月的基本盈利目标，那么就果断止损。这样明确的止损线会让你在运营中更有方向感，不会越亏越投。

设立止损线后，超级个体要调整好心态，相信盈利才是健康的业务，亏损只是早晚退出的问题。一旦到达止损线，不要犹豫。如果担心自己下不了决心，可以提前找一个值得信任的人来监督，在到达止损线时，提醒超级个体应该退出了，避免其被情感蒙蔽，客观看待创业的实际情况。

壁垒：构建不可逾越的竞争"护城河"

　　创业的现实情况往往是残酷的，你辛苦琢磨出了一个好的创业项目，投入时间、精力把它付诸实践，一开始也确实看到了回报。可是很快，竞争者就发现了这个创业项目的潜力，迅速模仿，推出了差不多的产品。他们甚至直接跨越了初期的摸索过程，拿现成的模式去做，速度快、成本低。结果就是，市场上多了几家跟你几乎一样的产品，而你的客户和利润也开始被瓜分，甚至可能遭到更强的竞争对手挤压，收入急剧下降。

　　这样的情况其实很常见，尤其是在准入门槛不高的行业，其根本原因在于没有建立壁垒。壁垒，简单来说，就是创业过程中那些让别人难以超越或复制的优势，就像是一条"护城河"，把竞争对手隔在外面，使其无法轻松进入或取代你的位置。

　　来看下面三个例子：

　　　阿然是一位营养师，她发现许多上班族有健康管理需求，但缺少个性化的营养支持。她开始提供一对一的营养咨询，根据客户的生活习惯、身体状况，制订专属的饮食计划。她亲自与每位客户沟通，详细了解他们的生活作息、身体状况、饮食喜好，甚至还结合健康检测结果来做分析，确保方案足够精准。同时持续跟踪每位客户的饮食执行情况，根据实际效果随时调整。渐渐地，李然建立了一批忠实的客户，大家不仅看到了体重和健康上的改善，也逐渐养成了健康的饮食习惯。随着服务口碑的传播，越来越多的人主动联系她咨询，每天几乎都忙不过来，但她依旧坚持亲自与客户沟通，确保方案符合每个人的独特需求。

　　　小周是一位花艺师，在网上开设了花艺课程，教大家基础的插花技巧。课程发布后，吸引了很多零基础的花艺爱好者。起初，小周只计划教授简单的入门课程，但随着学员们的学习进展，她发现大家的兴趣越来越浓厚，不少人还买了专业教材来练习。于是，她在课程中陆续加入了更复杂的花束制作和花材搭配技巧，还建立了一个学员交流群。大家在群里分享作品、交流心得，小周会针对每个人的作品给出细致的建议。慢慢地，这个群成了大家展示和交流花艺的地方，每周小周还会在群里直播点评一些作品，学员们也开始互相点评和鼓励。她的课程内容不断丰富，而这个小小的花艺社群也日渐活跃，成为大家学习路上的陪伴。

阿强经营一家小型农产品电商，主打天然、无添加的农产品，主要通过社交媒体推广。他发现很多客户很在意产品的溯源和真实性，于是阿强开始在社交平台上实时记录自家农产品从种植到收获的全过程，每周更新视频和照片，有时是他和家人在田间劳作的场景，有时是农作物开花、结果的变化。阿强的账号上不再只是商品介绍，而是记录了整个农场的生活。客户们很喜欢这样的内容，有些人甚至会留言询问农产品的种植细节。阿强还会定期在直播里回答客户的问题，介绍农产品的特点和种植过程。久而久之，客户们开始更加信任阿强的产品，他们觉得每一份食材都看得见、摸得着，真切地了解到了农产品背后的故事。

从这三个例子中可以看出，壁垒是多方面的，比如你给客户的体验感就是最好；你积累了大量独家内容和资料，别人没有；你的原材料或供应链资源独特且稳定；你的位置或渠道独特，别人很难进入；等等。

阿然会花大量时间了解每个客户的生活习惯、爱吃什么、不爱吃什么，甚至每天的作息时间，然后根据每个人的情况做个性化的饮食方案。这种贴心服务不是随便谁都能模仿的。其他营养师也许可以做饮食计划，但很难做到像阿然这样，一直跟着客户的情况去调整。客户也因此非常依赖她，觉得换个人就不一样了。

而小周除了教大家插花，还搞了一个学员交流群，大家可以在群里分享自己的作品，互相鼓励。群里的人每天都聊得热火朝天，分享自己的插花心得。小周还会定期在群里直播点评学员作品，学员们觉得自己不仅是学花艺，更是在一起成长。

还有阿强，同样是在网上卖农产品，但他卖的方式很不一样。别人是摆些产品照片，拍点销售的视频，他是在社交媒体上更新农场的日常生活。客户们特别喜欢这些内容，因此也更信任他，觉得产品更真实，愿意支持他。

这些例子中就存在着壁垒，尽管各不相同，但共通之处在于本身的难以复制性。

这种难以复制的特质，从根本上来说，是一种深度的积累。无论是在专业领域中的沉淀，还是对客户需求的敏锐洞察，甚至是超出常规的服务方式，它们逐渐叠加成了一种难以替代的核心。就像阿然的长线客户跟踪、小周的学员交流群、阿强的农场日常等，都是在某个细分市场中，把每一个环节都做到了极致。别人可以试图模仿这种模式的业务外形，但要复制这种模式的深度远非易事。

所以，真正的壁垒往往不在于"做什么"，而在于"怎么做"。从这个"怎么做"的过程中，客户感受到了与其合作的特别之处，这份特别逐渐成为一种依赖，久而久之，依赖到一定程度就成了最坚固的"护城河"。

有意思的一点是，超级个体在创业初期往往体量较小，甚至是单打独斗的。这就导致难以复制性的产生，往往与超级个体自身的个性或价值观息息相关。

人们可能是因为你的待人方式、对待工作那股不妥协的劲头，甚至是你对行业的深刻见解而选择你。这不是产品特性，不是可以列出来的几个卖点，而是一种无法直接描述的吸引力。这种由人格和精神渗透出来的"感觉"，是让客户真正信赖的原因。

它就像一种磁场，不一定能用具体的文字解释，但客户能够感受到。而当你有了这种吸引力，即便竞争对手拿出相似的产品或服务，也无法在客户心里形成同样的分量。

而且，随着时间的积累，超级个体会逐渐获得一种独特的"市场记忆"，这是一种行业和客户对你的认知。你为客户解决过的一个又一个问题、提供的一个又一个实际价值，都会在他们心中留下痕迹。这些痕迹看不见、摸不着，但逐渐塑造起超级个体的"信誉"与"品牌"，最终成为别人无法轻易动摇的根本。

那么，超级个体创业如何打造这种难以复制性呢？

很多人觉得这种难以复制性是一种后期的结果，是积累到一定阶段才会形成的，但其实在一开始，超级个体就可以有意识地去选择适合自己的方向。

壁垒不是某一项具体的能力，而是一种综合的"难以替代"，所以需要从一开始就明确哪些特质能够支撑你在未来的市场中立足。具体可以从个人的独特优势、资源积累、客户需求深度等方面进行长远规划，把每一项行动都看作壁垒构建的开始，而不是随意而为。

比如，如果你的优势在于某一领域的专业深度，不妨从一开始就着力建立一种"知识上的不可替代性"。这个过程不仅仅是做产品或服务，更是一种持续的输出和展示，把你的独特见解、方法论甚至工作过程逐渐展示出来，让客户逐渐认同你的专业度和可靠性。

当然，建立这种认知需要时间，也需要你在各个细节上做到一致，从发布内容、客户沟通，到案例分享、总结经验，都可以通过真实的积累形成客户对你的专业信任。而这种信任，实际上就是一种壁垒，因为客户看到的不仅是你的知识，还有你在这个领域的深度参与。

或者，超级个体可以选择构建一种"人性化壁垒"。因为没有大规模团队的束缚，超级个体反而可以为客户提供更贴心、更有温度的服务，从一开始就让客户感受到你对他们需求的关心，甚至比客户自己更了解他们的问题。用真实、深入的互动建立起这种人性化的连接，一次次用实际的行动去回应客户的需求，这种建立在情感和信任上的关系是很难复制的。大多数客户会觉得，他们得到的不只是服务本身，而是一个长期的陪伴者，而这种感受，恰恰是其他人难以提供的。

除此之外，超级个体还可以通过选择稀缺资源或独特渠道来构建一种资源壁垒。如果你的业务中有一种特定资源，或者你接触到某种独特渠道，那么在创业初期就可以重点发力，将它发展成一种"稀缺价值"。这些资源不是别人轻易可以获取的，而这种稀缺性恰好会让你的服务在市场上与众不同。客户不是简单地购买服务，而是因为这种资源的独特性选择你，久而久之，市场会自然地把这种特性归为你的独有优势。

总结下来，超级个体的壁垒，更多是在每一步的行动中有意识地累积起来的。从一开始的选择，到日复一日的积累，每一个细节都在构建你与客户之间的连接。只要方向明确，每一个微小的努力都会让你的壁垒更加深厚，最终形成一种别人无法轻易跨越的独特存在。

创新：持续迭代，激发创业活力

在创业初期，很多超级个体靠的是一股冲劲儿，凭借独特的想法和专注度迅速打开了局面。那时，客户愿意尝试新鲜的事物，超级个体凭借独特的服务方式或专业优势获得了第一批忠实用户。

但久而久之，市场会迅速适应这种模式。大家见多了、用熟了，原本独特的服务逐渐成了日常，对客户来说，它的吸引力开始减弱。这时，客户会逐渐被其他更新鲜的事物所吸引，而此时如果超级个体缺少创新意识，缺少持续探索的勇气，那么其很快会发现，原本开创的业务在慢慢失去光彩。比如，小慧的创业故事就是一个典型的例子：

> 小慧是一名自由插画师，刚开始做这一行时，她的清新手绘风格在社交媒体上受到不少品牌和自媒体客户的关注。这些客户大多希望自己的内容能显得生动有趣，而小慧的作品正好符合这个需求，如图 2-5 所示。

图 2-5 小慧以独特的插画风格打开市场

最初，老客户们经常回头找她画新的插画，甚至主动介绍新的客户给她。小慧一度觉得，自己的风格就是这份工作的核心竞争力，订单稳定，客户群也在慢慢扩大。可是渐渐地，她发现情况有些不对劲。原本那些固定的回头客下单越来越少，有的甚至一两个月都没有找过她。小慧虽然感到奇怪，但心里安慰自己，也许客户的需求暂时减少了。

但是又过了三个月，情况依旧没有好转。偶尔有老客户来下单，提的要求也比之前多了不少，有人直接跟她说，插画风格是不错，但看多了有点单一，想要些新变化。小慧心里有些发怵，自己确实一直在沿用原本的风格，但她之前一直认为这是客户喜欢的。面对越来越少的订单，她开始有些慌了。

从小慧的例子中可以看到：创业初期的独特优势固然重要，但这种优势并不能保证长久的市场吸引力。市场需求和客户的偏好是动态的，尤其在竞争激烈、信息流动迅速的环境下，任何一种风格、模式或服务方式都可能因为客户的审美疲劳而逐渐失去价值。

对超级个体来说，创新并不是为了"标新立异"，而是为了在市场不断变化时，始终保持与客户的节奏一致，甚至先一步理解他们的需求变化。这种敏锐的市场洞察，能够帮助超级个体在客户产生"审美疲劳"之前，主动调整方向，保持自己一直"被看见"。

当然，创新并不意味着每次都推翻重来，可以是对原有模式的微调、对新工具的尝试，或是对服务方式的优化。哪怕是一个小小的变化，都可能让客户感到新鲜和用心。

来看看小慧后来是怎么做的：

经过一番琢磨，小慧决定暂停接单，不再按部就班地重复类似的工作，而是给自己放了段时间专心学习。

她开始研究基础的动画技巧，尝试给插画加入一些简单的动态效果。刚开始做得不太顺手，作品效果也不够流畅，小慧转头找了几门线上课程，跟着练习，每天一点点地摸索。

　　慢慢地，小慧掌握了一些基础的动态设计，能让原本的手绘插画具备更丰富的表现力。她把这些小小的尝试发到自己的社交平台，没想到引起了粉丝的兴趣。渐渐地，以前那些趋于疏远的老客户重新联系她，觉得她的新作品有趣、特别，甚至有几个客户直接问她能不能做成品牌推广的短视频。

　　随着粉丝量的增加，也有一些新客户对小慧原本的静态插画作品感兴趣。就这样，小慧重新开始接单，手中的工作从单一的插画设计拓展到了插画视频创意，原本的业务又重新活了起来，她也找到了新的方向。

小慧的创新并不是彻底改变风格，而是在保持原有插画风格的基础上加入一点点动态效果，让作品看起来更有趣。

由此可见，超级个体的创新，不在于多大的变革，而是在已有的基础上不断注入新的活力，让客户感觉到你在成长、在进步，觉得和你的合作是鲜活的、有前景的。这种持续迭代的能力才是创新的核心所在。

因此，超级个体在创业过程中，可以将创新当成是一种主动的工作方式，而不是被动的补救措施。

道理大家都懂，但其实能做到的很少。很多时候，创新之所以难以坚持，是因为它被视作额外的负担，而不是工作的一部分。要让创新成为一种本能反应，关键在于融入日常的工作习惯中，形成一个不断优化和反思的循环。

为此，超级个体可以尝试建立一个"创新反馈"的小循环。每完成一个项目，不妨花一点时间简单回顾：这个项目是否有做得更好的地方？客户有没有给出新的需求，能不能通过这次经验改善自己的方式？比如，一个设计师在完成项目后，可能发现客户对某种风格的需求在增多，那么在下次作品中就可以尝试引入类似元素。通过这种方式，创新不再是"要做什么新的"，而是对每一次工作的观察和调整。长此以往，这种敏锐的创新意识会成为一种下意识的习惯。

同时，超级个体可以鼓励自己保持一种开放的学习状态。创新不一定非要通过市场反馈来触发，很多时候灵感可能来自行业之外的资源，比如，一位设计师可以向建筑设计学习空间布局的理念，或者一个内容创作者可以从演讲的节奏中找到叙事的启发。

　　创新的灵感甚至可以来自对生活细节的观察。就像一个摄影师在看电影时，注意到光影运用的独特方式，然后尝试在自己的作品中融入类似的效果。还有，文化遗产修复师在尝试使用 AI 工具的时候，忽然想到利用 AI 技术来观察历史图像中的细节，基于已有的残留信息，去推测和还原出原貌。

　　这种开放的学习和观察，可以让自己始终保持对新事物的好奇，不断为自身的工作添加新的素材库，使其拥有更丰富的表现方式，最终形成一种自然的创新状态。

一站式 AI 运营工具：整合超级个体的创业需求

在独立创业的道路上，超级个体需要扮演多个角色：管理者、业务员、设计师、分析师……每一项任务都需要投入时间和精力。"工欲善其事，必先利其器。"AI 工具的出现，正好为这些多重角色提供了有力支持——它们不仅提高了工作效率，还让一些过去必须外包的任务可以自己完成，使超级个体能更灵活地应对多变的市场需求。在本篇内容中，我们将从文本、绘画、视频、音频四个方面，通过一个又一个的创业故事，逐步归纳出这些工具是如何实实在在地帮助创业者解决问题的。

AI 文本工具：从文案创作到数据分析的全能助手

AI 文本工具是一类利用人工智能技术生成、处理、分析或优化文本内容的软件或应用。它们通过自然语言处理算法，对文字进行理解、生成和修改，帮助用户快速创作、提取关键信息、校正语法等。

此类工具能够处理各种文本任务，从简化日常文案到辅助复杂的语言分析，广泛应用于创作、市场营销、客户服务等领域。其中典型的 AI 文本工具代表有 OpenAI 的 ChatGPT、百度的文心一言、阿里的通义千问等，可以为超级个体提供从文案创作到数据分析的全能支持。

接下来，我们从阿华和阿文的创业故事中，来看看他们是怎么运用 AI 文本工具的。

▶ 阿华用 ChatGPT 辅助品牌推广的故事

　　阿华的工作室刚刚起步，主要为小型本地企业提供品牌推广服务。创业初期，他手头的资源很有限，几乎所有的事情都得亲自操刀。在 ChatGPT 发布之后，阿华是第一批尝鲜的人。起初阿华只是好奇，后来逐渐发现此类工具的潜力，并开始在日常工作中使用它来完成各种任务。

　　一次，阿华接到一个茶品牌项目。该品牌希望通过社交媒体推广，吸引年轻消费者关注茶文化，了解茶叶手工制作的工艺，将喝茶融入他们的日常生活和工作中。因为需求的多样性，阿华一时之间找不到合适的切入点。他试着将客户的需求输入 ChatGPT，看看会有什么启发。

　　没想到，ChatGPT 很快提出了几个创意，如图 3-1 所示。

> 一家茶品牌的推广需求是：通过社交媒体推广，吸引年轻消费者关注茶文化，了解茶叶手工制作的工艺，将喝茶融入他们的日常生活和工作中。有什么创意可以作为品牌推广的切入点？

（1）**"一杯茶，一种心情"微博分享**：创建专属话题标签，鼓励用户分享自己的"茶时刻"。

（2）**"茶心体验"快闪活动**：设置线下手工制茶体验空间，线上同步直播，吸引更多观众参与。

（3）**"早茶打卡"**：鼓励早起泡茶打卡，设置奖励推广"早茶文化"。

（4）**"办公室轻松茶"系列**：推出办公茶饮套装，通过短视频展示其在职场中的应用，传递"轻松办公"理念。

图 3-1 阿华利用 ChatGPT 寻找创意切入点

　　阿华觉得这些点子非常接地气，也很适合品牌的定位。他顺着这些思路，写出了具体的推广框架。

　　在撰写品牌文案和推广内容时，阿华思考了下品牌的调性，想让文案风格既能突出茶文化的传统感，又不失年轻人喜欢的轻松活泼。于是他在 ChatGPT 里输入了需求：

　　"我们是一家茶品牌，主打自然、健康、温暖的品牌调性，希望吸引年轻人将喝茶融入工作场景。以'办公室轻松茶'为推广主题，推出适合办公场景的茶饮套装。请据此生成几种不同风格的文案。"

　　ChatGPT 很快给出了五种文案，如图 3-2 所示。

"工作时刻的轻松陪伴，一杯茶，一份清新。专为办公场景设计的茶饮套装，让放松与专注随时在线。"

"忙碌的办公桌旁，来一杯温暖的茶，让身心放松，感受自然的陪伴。'办公室轻松茶'，用一份茶香守护你的每一段工作时光。"

"你的办公室茶搭档上线啦！拍下你独特的办公茶时光，加入#轻松办公茶 打卡挑战，让茶成为你工作中的灵感小助手。参与打卡，更有机会赢取轻松茶饮套装！"

"加班后的提神伴侣，午后的小憩时光，灵感匮乏时的转机——办公桌上，'轻松茶'始终在旁。随手泡一杯，让工作多一点惬意。"

"让每一口茶都成就更好的自己。'办公室轻松茶'系列，天然茶叶、便捷冲泡，为繁忙工作中的你带来健康的放松时刻。"

图 3-2 阿华利用 ChatGPT 写文案

阿华挑选了其中比较贴近品牌的文案，稍作修改后，直接发给了客户。客户看过后，提出希望将"办公室轻松茶"这个标语翻译成多种语言的要求，以便吸引外企的年轻人，传递茶文化的国际元素。

阿华并不擅长多语言翻译，这种小任务找外包又很不划算。于是，阿华用ChatGPT 来完成，让 ChatGPT 根据不同语言的文化背景，优化标语的表达方式，结果如图 3-3 所示。

将"办公室轻松茶"翻译成英语、法语。

英语: Office Serenity Tea

法语: Thé Sérénité au Bureau

图 3-3 阿华利用 ChatGPT 翻译标语

原本要花时间外包给专业翻译的任务，就这样轻松解决了。

为了增强用户互动，阿华还帮品牌方策划了一个线上活动。活动的灵感同样来自 ChatGPT "一杯茶、一种心情"，主题名为 "今日份心情茶饮"，用户可以分享自己当前的心情和冲泡的茶饮，配合品牌的标签上传照片。客户对活动的创意感到非常满意。

随着项目推进，阿华收集了线上活动的用户留言和评论后，将它们输入 ChatGPT，请它帮助分析用户关注的重点，提取出几个高频关键词，得到了 "便捷冲泡""清新口感""传统工艺" 等信息，让阿华对客户需求有了更清晰的把握，也为后续推广提供了参考。

从案例中，我们可以看到以 ChatGPT 为代表的 AI 文本工具，在超级个体创业支持方面所提供的几项重要功能：

❶ 创意生成

面对复杂的品牌需求，阿华一开始不知从何下手，但 ChatGPT 能迅速提供多个方向，比如 "一杯茶、一种心情" 或 "办公室轻松茶"，这些点子非常实用，好落地，也精准切中客户的需求，帮阿华快速理清了推广思路。

对于超级个体创业者来说，这种创意生成能力不仅仅是提供一个点子，而是重构创意与商业需求之间的连接方式。创业者通常需要面对资源有限的现实，传统团队可能需要数次头脑风暴才能提出的营销主题，AI 文本工具可以在几分钟内提供多种方向，且更贴近目标用户需求，直接缩短创意与执行的链条。这一点如果利用得好，能让超级个体创业者的工作效率翻倍，甚至直接变现，实现利润增长。

❷ 多样化文案支持

写文案一直是阿华工作里最花时间的部分，特别是客户要求不同风格时，他常常会被卡住。借助 ChatGPT，他只需要输入一些关键信息，就能在短时间内得到几种完全不同风格的文案。

在创业初期，面对多样化的用户群体，品牌的表达风格往往需要灵活调整，但单一的创作者很难高效覆盖多样化的表达需求。AI 文本工具可以通过快速生成文案，帮助超级个体创业者在短时间内测试不同风格的表达效果，比如是温情风格更能打动用户，还是幽默风格更能带动互动。这种"即时试验—快速验证"的能力，恰好可以提升超级个体的市场适应力。

❸ 多语言翻译和优化

当客户提出要增加外语标语时，阿华原本想着可能得找专业翻译，但用 ChatGPT 却几分钟就搞定了。更重要的是，ChatGPT 翻译时还能根据不同文化背景优化表述，比如在英文里更直接，在法语里更注重优雅，效果完全不输给专业翻译。该功能可以直接成为超级个体创业者拓展业务、降低成本的有效方式。

❹ 活动策划支持

在互动性活动的策划中，阿华也是在"一杯茶、一种心情"的启发下，想到了"今日份心情茶饮"这个活动主题，鼓励用户参与，带动了线上讨论热度，为品牌带来了显著的互动效果。这种由 AI 辅助的精细策划，可以让活动效果更加可控，也让超级个体创业者具备了大型品牌才有的用户运营能力。

❺ 用户反馈分析

用户的评价可不只是一句简单的褒贬，背后隐藏着用户的真实需求、潜在期待和市场趋势。将这些反馈转化为商业洞察是超级个体创业必须做的事情。但说起来容易，做起来难，不过有了 AI 文本工具的帮助，该任务立刻变得轻松起来。

正如阿华所做的一样，在活动结束后，他收集了一大堆用户评论，用 ChatGPT 直接分析，立刻提炼出高频关键词，从用户最真实的声音中获取到有价值的信息，为产品优化和市场定位提供了方向指引。

阿华的案例清晰地展示了 AI 文本工具如何改变创意、传播、运营等环节的工作方式，而这种能力的本质，打破了资源限制与规模效应的传统界限，让一个人也能高效完成复杂任务，甚至挑战大团队的效率与质量，赋予了超级个体快速适应市场变化的韧性。让他们能够以更小的投入实现更大的价值，从而在竞争中找到属于自己的独特位置。

当然，看过这个故事后，也有人觉得，AI 文本工具在处理简单任务时确实方便，而一旦涉及更复杂、更深奥的内容，比如篇幅较长的文章，生成效果就可能显得机械，甚至会有语句不通的毛病。

这样的评价并不意外，毕竟，早期的 AI 文本工具确实存在这些问题。不过，现在的情况早已不同。随着语言模型的不断升级，AI 文本工具已经能基于上下文理解用户的需求，不仅调整语气，还可以模仿不同风格，把内容写得更自然、更贴近实际需要。

还记得之前介绍过的阿文的故事吗？他原本是个典型的职场"表格达人"，后来尝试将自己掌握的 Excel 技巧做成课程，发布到一些知识付费平台上。在创业过程中，阿文也在使用 AI 文本工具进行辅助。

▶ 阿文用通义千问辅助在线课程设计的故事

创业初期，阿文动手整理了自己多年来的表格技巧，从基础公式到数据透视表，从动态图表到 VBA 应用，逐步形成一套体系完整的课程。

课程上线后，效果比他预想的要好，不少职场新人对他的内容评价很高，报名的人数也稳步增加。然而，随着学员数量的增多，阿文的工作量也成倍增长——录制课程、回复学员提问、更新内容，这些任务堆积在一起，几乎让他分身乏术。

在一次偶然的机会下，阿文接触到了通义千问。当时他在制作一节关于 VBA 自动化的课程，需要用代码演示如何批量处理 Excel 文件，但自己一时写不出合适的案例代码。

他忽然想到用 AI 文本工具试一试，于是打开了通义千问，将需求输入进去："写一段 VBA 代码，可以将桌面'新建文件夹'中的所有 Excel 文件，合并为一个文件。"

几秒钟后，通义千问生成了一段带有注释的代码，如图 3-4 所示。

```vba
Sub MergeExcelFiles()
    Dim folderPath As String, fileName As String
    Dim wbDest As Workbook, wbSource As Workbook
    Dim ws As Worksheet, lastRow As Long

    ' 获取桌面路径
    folderPath = CreateObject("WScript.Shell").SpecialFolders("Desktop") & "\新建文件夹\"

    ' 创建新的工作簿作为目标文件
    Set wbDest = Workbooks.Add

    ' 遍历文件夹中的 Excel 文件
    fileName = Dir(folderPath & "*.xls*")
    Do While fileName <> ""
        ' 打开源文件
        Set wbSource = Workbooks.Open(folderPath & fileName)

        ' 遍历源文件中的每个工作表
        For Each ws In wbSource.Sheets
            ' 计算目标工作表的最后一行
            lastRow = wbDest.Sheets(1).Cells(wbDest.Sheets(1).Rows.Count, 1).End(xlUp).Row + 1

            ' 复制数据到目标工作表
            ws.UsedRange.Copy wbDest.Sheets(1).Cells(lastRow, 1)
        Next ws

        ' 关闭源文件，不保存更改
        wbSource.Close False

        ' 获取下一个文件名
        fileName = Dir
    Loop
```

图 3-4 阿文利用通义千问生成 VBA 代码

代码生成后，阿文稍作调整就直接用在了课程里。

后来，在面对学员的各种技术提问时，阿文也会让通义千问帮忙生成初步的回答。比如，有学员问："为什么我在做数据透视表时无法插入切片器？"阿文会将问题输入给通义千问，在很短时间内得到多种可能的原因和解决方案，如图3-5所示。

为什么我在做数据透视表时无法插入切片器？

在使用Excel的数据透视表时，如果你发现无法插入切片器，可能是由于以下几个原因导致的。我们可以逐一排查并解决这些问题：

(1) 数据透视表版本问题

确保你的Excel版本支持切片器功能。切片器是在Excel 2010及更高版本中引入的。如果你使用的是更早的版本，可能不支持切片器。

(2) 数据透视表是否处于编辑模式

确保你的数据透视表不在编辑模式。有时，当你在调整数据透视表的字段或布局时，可能会暂时无法插入切片器。尝试点击数据透视表外部的任意单元格，然后再试一次。

(3) 数据源问题

确保数据透视表的数据源是有效的。如果数据源有问题，可能会影响切片器的插入。检查数据源是否有空值、重复值或其他异常数据。

(4) 切片器管理器问题

有时候，切片器管理器可能没有正确初始化。你可以尝试以下步骤：

①选择数据透视表。

②在"数据透视表工具"选项卡中，点击"分析"或"设计"。

③点击"插入切片器"按钮，看看是否能正常插入。

图 3-5 阿文利用通义千问应对学员提问

阿文检查无误后再用自己的语言稍作调整，发布到课程平台的答疑区，这不仅提高了解答效率，还能保持与粉丝的互动频率。

为了扩大课程的影响力，阿文策划了一场直播教学活动，主题是"动态仪表盘的制作"。由于时间紧张，他直接请通义千问帮忙设计了直播内容的大纲，如图3-6 所示。

以下是一个详细的大纲示例：

欢迎词与自我介绍：欢迎参与者加入本次直播课；自我介绍及背景说明；课程目标概述；参与者需求分析（基础Excel知识、对动态仪表盘的兴趣）。

基础知识回顾：Excel界面简介；数据输入与管理技巧；常用函数快速复习（如VLOOKUP，INDEX-MATCH, IF等）；图表类型介绍及选择建议。

数据准备：数据收集与整理的重要性；如何清洗和格式化数据；创建数据表和命名范围；动态数据源设置。

构建静态仪表盘：选择合适的图表类型；图表设计原则；添加图表到仪表盘；使用条件格式化增强视觉效果。

添加交互性：引入数据验证工具以创建下拉列表；使用宏或VBA代码实现更高级的功能（可选）；利用按钮和复选框控件增加用户交互；创建链接按钮在不同工作表间导航。

动态效果实现：利用公式和函数实现数据的自动更新；设置动态标题和标签；利用动态图表范围展示变化趋势；探索Excel的时间线功能。

美化与优化：调整布局使仪表盘更加清晰易读；应用样式和主题统一外观；性能优化技巧；分享最佳实践和常见错误避免方法。

案例研究：展示一个完整的动态仪表盘案例；解析每个组件的作用及其背后的逻辑；讨论可能遇到的问题及解决方案。

问答环节：开放提问时间；针对性解答学员疑问；提供进一步学习资源和建议。

结束语：感谢大家的参与；鼓励持续学习与交流；公布后续支持渠道信息。

图 3-6 阿文利用通义千问生成直播内容大纲

在细节处理部分，阿文也尽可能让通义千问来帮忙，比如欢迎词与自我介绍。比如，他输入需求："帮我写一段简洁且亲切的直播开场白，自我介绍一下，并概括这次直播的内容。"

通义千问迅速生成了这样一段话，如图 3-7 所示。

当然，这里有一段简洁而亲切的直播开场白，希望能符合您的需求：

大家好，欢迎来到今天的直播课堂，我是阿文，很高兴见到每一位热爱学习的你。今天，我们将一起探索如何在Excel中制作动态仪表盘，这不仅是一项实用的技能，还能让你的工作报告更加生动、直观。

在这次直播中，我们会从基础的数据准备开始，逐步学习如何构建静态仪表盘，然后加入交互元素使其变得动态起来，最后还会教你如何美化和优化你的仪表盘，让整个过程既有趣又高效。无论你是Excel新手还是有一定基础的朋友，相信都能有所收获。

准备好了吗? 让我们一起动手，打造专属于你的动态仪表盘吧!

图 3-7 阿文利用通义千问生成直播开场白

阿文看后稍作调整，就直接将这段话用作了自己的开场白。

为了让直播内容更清晰直观，方便学员理解和互动，阿文还需要用 PPT 来展示教学内容，利用通义千问一分钟自动生成了 PPT，如图 3-8 所示。

图 3-8 阿文利用通义千问生成 PPT

阿文对这个 PPT 的内容非常满意，但不太喜欢风格。而通义千问提供多种风格 PPT 模板，阿文切换了几种，找到了最满意的一版。下载下来后，把具体数据、截图和图表嵌入对应的页面里，很快完成了 PPT 的制作。

对于一些 PPT 配色不够协调的地方，阿文还进一步向通义千问提出了疑问，通义千问给出的配色方案帮助他快速完成了整个 PPT 的美化。直播时，PPT 美观大方，内容清晰明了，获得了学员的一致好评。

此外，想要让直播气氛更活跃，不至于单向讲解枯燥，阿文还需要提前准备一些问题，引导学员参与讨论或思考，让他们在互动中更好地理解和吸收课程内容。于是，他告诉通义千问："根据动态仪表盘主题，帮我设计几个简单易答的问题，适合直播互动。"

通义千问提出了一些问题，如图 3-9 所示。

好的，以下是几个与动态仪表盘主题相关的简单易答问题，适合在直播中用于互动：

(1) 基础概念问题
"大家知道动态仪表盘的最大优势是什么吗？（提示：它能实时更新数据）"

(2) 实用场景问题
"你觉得动态仪表盘在你的工作中最适合用在哪些场景？比如销售分析、库存管理，还是项目进度跟踪？"

(3) 切片器互动问题
"有没有人用过Excel里的切片器？你觉得它的主要作用是什么？"

(4) 图表选择问题
"如果要展示一个季度的销售趋势，你觉得用柱状图好，还是折线图好？为什么？"

(5) 动态效果问题
"大家觉得，让图表动态更新的关键是什么？是数据来源，还是公式设置？"

(6) 开放式问题
"如果让你设计一个动态仪表盘，你最想用它解决什么问题？"

图 3-9 阿文利用通义千问设计直播问题

> 这些问题最终填补了直播中的冷场时间，引导学员主动参与讨论，让直播气氛更加活跃了。直播结束后，报名阿文课程的学员人数直线上涨，阿文的事业又向前迈进了一大步。

阿文对 AI 文本工具的利用与阿华有些不同，这些功能展现了 AI 文本工具在支持超级个体创业层面上的更多可能性。

❶ 编程支持

阿文在课程中需要用 VBA 代码示例，但自己写代码难免费时费力，对学员来说学习门槛也很高。而通义千问快速生成了一段完整、清晰、带注释的代码，甚至细致到每一步都解释了作用，阿文只需要稍作调整就可以直接用于课程内容。这种功能对涉及技术类课程或者需要用到编程的小型创业者来说，是一大助力，避免了外包和反复沟通的麻烦。

❷ 技术问答

面对学员提出的技术问题，阿文利用通义千问得到了多种可能的原因和解决方案，再稍作调整后直接发布。这样的功能对于需要频繁与客户互动、解答问题的超级个体来说，有助于减少重复劳动，将更多的精力放到核心业务上。

❸ 直播内容策划

阿文的直播活动需要从大纲到细节全面规划，这在时间紧张的情况下压力不小。AI 文本工具为他生成了条理清晰大纲的同时，还连细节部分如开场白、自我介绍都考虑到了。这对超级个体来说，等于是有了一个随叫随到的策划助理，即使任务临时加急，也能快速搞定。

❹ PPT 内容生成和美化

通义千问能直接生成 PPT 内容，包括文字、逻辑和结构，还提供多种风格模板。这种从内容到视觉的支持，能让超级个体快速制作出专业又美观的展示材料。

❺互动设计

直播教学中保持互动是一件让人头疼的事，但阿文通过 AI 生成了一系列切题又有趣的问题，自然引导教学内容的展开，使得整个直播过程显得更加流畅。这种辅助能力对以直播为主要形式的超级个体创业者来说必不可少。

从这两个故事中，我们可以总结出来：AI 文本工具的潜力在于同一功能在不同场景下的灵活适配。每个创业者面对的挑战各不相同，这种灵活适配性，恰恰可以因人而异地满足各种需求。未来，此类工具还会随着技术的进步变得更加智能和贴心，帮助超级个体更自如地驾驭创业中的复杂场景。对于敢于尝试、乐于探索的创业者来说，它将是通向更多可能性的桥梁。

AI 绘画工具：轻松设计营销海报与产品图片

AI 绘画工具是利用人工智能技术开发的绘画软件或应用程序，能够帮助用户进行艺术创作和图像设计。

AI 绘画工具的发展走过很长的一段路。最早的时候，此类工具只能套用模板，生成一些粗糙的图形，如果想稍微调整一下，比如改改颜色或者加个细节，基本上还是得自己手动处理。但后来，深度学习技术的进步改变了一切。特别是那些被广泛讨论的生成对抗网络和扩散模型，让 AI 绘画工具一下子变得"聪明"起来。

现在的 AI 绘画工具，只要输入一句话，比如"黄昏下的小木屋，湖边有枫树，光线温暖柔和"，就能瞬间生成几张完全不同风格的作品。更令人惊艳的是，AI 绘画工具还能对已有作品进行优化。比如一张简单的草图，上传后，可以让 AI 细化、调整比例，或者直接换个配色和光影效果。

当然，这种技术的意义不仅限于个人创作。现在，很多企业也在用 AI 绘画工具来快速生成宣传海报、商品图片，甚至是品牌 Logo 的初稿。对那些刚起步的超级个体创业者来说，这简直是必备工具。即便完全没有设计经验的人，也能用这些工具快速完成看起来比较专业的视觉创作。

目前市面上有很多综合性 AI 工具自带绘画功能，比如 ChatGPT、豆包等，也有专业的 AI 绘画工具提供给有技术背景的设计师们使用，比如文心一格、Midjourney、Stable Diffusion 等。

我们仍旧从一个故事来引入，看一看插画师小慧是怎么利用 AI 绘画工具协助创业的。

小慧是一名自由插画师，之前只是为一些小品牌和自媒体客户出图，后来业务越做越广，开始为出版物、文创品牌和独立游戏提供插画设计服务。

然而，作为自由职业者，她的工作并不轻松。订单的不稳定性、高强度的工作节奏，以及客户对多样风格的需求，常常让她压力倍增。而真正改变这一切，是在她接触到豆包之后。

最开始，小慧对这类工具并不感兴趣，觉得它们只适合快速生成一些简单的图片，无法取代真正的创作。直到有一次，她接到一个独立游戏项目——一款像素风与手绘风结合的角色扮演游戏。这个项目要求她设计数十个角色草图，涵盖古风、科技、魔幻等多种风格，同时每个角色还需要三种不同的姿态。客户要求紧急，只给了两周时间，预算却并不充裕。小慧知道，如果按照传统方式逐个角色进行手绘，她几乎不可能按时完成。

于是，她决定尝试用豆包。她将客户的设计需求转化为关键词，比如"古风、战士、持剑女性、冷峻表情、像素风与手绘风结合"，输入豆包生成初步草图，如图 3-10 所示。

图 3-10 小慧利用豆包生成的游戏角色

豆包生成的结果虽然并不完美，但大致满足了项目风格的需求。随后，小慧在此基础上进行修改和二次创作，让画面更具细节、更符合客户要求。短短十天，小慧完成了 10 个角色的初稿，客户在初期反馈中给出了非常高的评价。

项目完成后，小慧意识到，AI 绘画并不是她的竞争对手，而是一个可以提升效率的工具。从那以后，她开始主动研究如何利用豆包优化工作流程。

在接到一个主题为"在山水间品读书香"的古风文创书签插画设计需求时，小慧也尝试用豆包生成多种配色方案，帮助客户更直观地选择风格方向。

小慧先手绘了一幅简洁的黑白线稿，用流畅的线条表现起伏的山峦和静谧的湖面，体现出诗意，然后在画面中部加入小桥和古亭，远处还有飞鸟和落日，如图 3-11 所示。

图 3-11 小慧的手绘书签草图

　　为了让客户更方便地选择配色方案，小慧将这幅草图上传到豆包，进行智能配色。很快，豆包分析了草图结构，并按照提示，自动生成了多种配色方案，每种方案突出了不同的情感与美学特点，如图 3-12 所示。

图 3-12 小慧利用豆包生成的不同配色方案

当然，不同画面中，豆包生成的图片元素可能存在细微差异，但是足可以让客户预先看到不同配色方案完成的感觉。

当客户敲定第一种配色方案后，并提出"希望太阳的颜色淡一些"的需求，小慧立刻通过豆包的"区域重绘"功能（图 3-13），将太阳的颜色调整为更柔和的淡橘色，然后迅速发给了客户。

图 3-13 小慧利用豆包的"区域重绘"功能修改画面

配色方案终于定了下来，小慧又根据配色方案和草图，精心完成了书签的手绘任务。

这次设计，小慧充分发挥了 AI 绘画工具的配色、细化和局部调整能力，将自己的创意与工具的高效结合，让整个设计流程更加高效和灵活。客户对小慧的绘图质量和速度相当满意，并将其推荐给了周围的人。

慢慢地，小慧的客户越来越多，开始对接图书公司，处理书中的插图。某一次，一本书的作者提供了一些老照片，要作为插图插进图书中。但因为年代久远，且是直接用手机对着原照片拍摄下来的，图片发白且模糊，需要进行清晰度的提升，如图 3-14 所示。

图 3-14 作者提供的老照片

　　如果每张老照片都运用专业的修图工具来进行修复的话，会十分浪费时间。于是，小慧想到了豆包。

　　她将图片发送给豆包，要求其对照片进行色彩和清晰度的修复。豆包很快完成了任务，优化了照片中的光影效果，使画面更为生动，如图 3-15 所示。

图 3-15 小慧利用豆包修复老照片

后来，小慧的 AI 绘画工具越用越顺。没有灵感的时候，她会利用工具生成参考图来帮助快速开启创作思路。对于客户提出的修改意见，她会通过局部修改功能，迅速调整画面而不需要推翻重来。在应对大规模项目时，小慧还可以高效地生成风格统一的作品。比如，小慧曾在一周内完成了共计 30 张的科幻题材桌游卡牌插画设计任务。

总之，有了 AI 绘画工具的辅助后，小慧的创业之路越走越宽，不久便组建了一个小型插画团队，负责整合 AI 工具与手绘创作的流程。她的创业故事不仅展示了工具的潜力，更传递了一种态度：与其抗拒变化，不如抓住机会，将科技融入创作，让作品既高效又独具风格。

❶ 文生图

如何快速从模糊的概念落地为视觉蓝图，一直是创作者面临的挑战。在案例中，小慧将关键词输入给豆包，生成了初步的游戏角色草图，为她在短时间内梳理出多风格角色形象特点提供了可能。

这种文生图功能让复杂需求变得直观可见，节省了反复构思的时间，还为后续图片加工打下坚实基础。对于超级个体创业者而言，利用文生图功能来画初稿，可以建立起一个快速试错的机制，以最低的成本验证创意的可行性。

在产品开发、品牌设计等需要频繁产出创意内容的行业中，AI 绘图工具也能作为创作者灵感的来源，避免重复性劳动造成的思维疲劳，为创业者持续输出高质量内容提供支持。

❷ 图生图

色彩是视觉传达的灵魂，能影响情感、传递主题。在小慧的文创书签项目中，AI 绘画工具针对手绘草图进行了智能配色，生成多种图片方案，让客户能够直观感受不同配色对画面情绪的影响，方便快速敲定方案。

在超级个体创业中，配色功能更像是品牌视觉表达的"迭代器"。无论是设计营销物料、包装，还是 UI 界面，都可以通过快速生成和调整配色方案，将品牌价值以更高效、更精准的方式传递给目标用户。

❸ 局部修改

创作往往需要灵活应对客户的反馈，客户反复提要求，反复修改的情形不在少数。这个过程往往会让创作者疲于应对。而有了 AI 绘画工具的帮助，情况大大改善。当客户要求让太阳的颜色更柔和时，小慧用"区域重绘"功能，一分钟就调整了太阳的色调，而无须修改整个画面。这种精准修改功能避免了返工的困扰，让设计师能灵活应对客户需求。

❹ 分辨率优化与细节增强

清晰度往往是作品专业性的直观体现。在处理模糊老照片的项目中，AI 工具修复了色彩和光影，让发白的老照片焕然一新。这种能力不仅适合插画创作，在插图修复和文献数字化方面也同样有巨大价值。而对于超级个体来说，节省下来的时间和人工成本，也会成为自身的利润。

❺ 统一作品风格

在大规模绘图项目中，如何在高效完成任务的同时保持风格的一致性，是许多创作者面临的难题。小慧在科幻桌游插画设计中，利用豆包批量生成了风格统一的30 张作品，以此为基础再行修改，短时间内完成了任务。

在超级个体创业场景下，这一功能可以帮助他们打造具有一致性和辨识度的品牌形象，无论是为多平台生成广告素材，还是推出系列化内容，均可快速落地。

在创意驱动的时代，AI 绘图工具通过智能生成、快速修改和高效优化，帮助从事绘图行业的超级个体创业者，用更快的速度、更低的成本，完成传统团队才能实现的工作量，从而形成了差异化的竞争优势。小慧的经历恰好证明了这一点的可行性。或许在不远的未来，AI 绘图工具的普及将重新定义创意行业的规则，让超级个体创作者也能站上商业化的舞台，与大型团队一较高下，真正实现"以小博大"的创业梦想。

AI 视频工具：快速制作短视频

如今，无论是建立个人品牌、推广产品，还是传递专业价值，视频都是最直接、最有效的媒介。因为相比长篇文章或静态图片，视频这种结合了图像、文字、音乐、声音等多维度元素的内容载体，更能抓住观众的注意力，尤其是低门槛、高吸引力的短视频。

许多中小品牌通过发布创意短视频，在社交媒体平台上实现了几何倍数式的传播，以极低的成本获得了较高的流量。这种已经经过验证的模式给超级个体提供了创业的方向。

目前，网络上出现了大量关于如何制作短视频的教学视频。跟着学习的大有人在，可为什么真正能做出成绩，积累大量粉丝的却寥寥无几呢？

很大程度是因为速度和频率。短视频行业是一个以速度取胜的赛道，热点稍纵即逝，且用户注意力转移飞快。对于热点内容，能否在 24 小时内发布相关视频，往往直接决定了流量的高低。

一些创作者即使掌握了剪辑技巧，却因为制作周期过长，无法抢占时间窗口，最终只能错过黄金流量期。相比之下，那些能够迅速策划、制作并发布内容的创作者，更容易抓住平台算法的青睐，获得更多曝光。

从另一个角度来说，频率则是保持用户黏性的关键。短视频平台推崇"高频更新"，平台算法更倾向于推荐持续产出内容的账号。很多人学习教程后，虽然能做出高质量的视频，但因为耗费时间长，更新频率过低，粉丝难以保持活跃，账号的热度逐渐下降。而顶级创作者几乎都是高频更新的践行者，他们通过 AI 工具等方式提高效率，每天，甚至每小时都能推出新内容。

于是，AI 视频工具应运而生，它能根据用户提供的文字、图片、视频片段，快速生成具有专业效果的短视频，省去了传统视频制作中烦琐的拍摄、剪辑、配乐和特效制作环节。即使是缺乏专业设备和剪辑技术的创业者，也能在此类工具的支持下瞬间化身超级个体，具备短视频制作的基本能力。

目前，市面上已有多款代表性 AI 视频工具，例如通义万相、海螺、可灵、即梦、剪映等。接下来，通过个人品牌创始人阿博的故事，我们充分体会一下 AI 视频工具的妙用。

> 阿博，今年 32 岁，曾是一名普通的业务经理。现在是一位拥有几十万粉丝的个人品牌创始人。他的视频方向主要是分享职场干货和个人成长经验。
>
> 当问起阿博"每天发布那么多条短视频，是怎么做到的？"这个问题时，他却坦言："事实上，我从来不自己剪视频。"
>
> 半年前，阿博辞去了工作，决定把自己的职场经验做成短视频分享。一开始，他对视频的拍摄、剪辑一窍不通，找符合条件的职场拍摄场地也很不方便。正当一筹莫展的时候，阿博忽然发现，市面上发布了很多可以直接生成视频的 AI 工具。于是，他放弃花费大量时间去研究拍摄、剪辑技术，尝试使用 AI 视频工具。
>
> 第一次用 AI 做视频，阿博只是在通义万相里随手输入了一个"深夜加班"的关键词，通义万相的"智能扩写"功能就帮忙扩写成了一段 100 多字的详细画面描述，如图 3-16 所示。

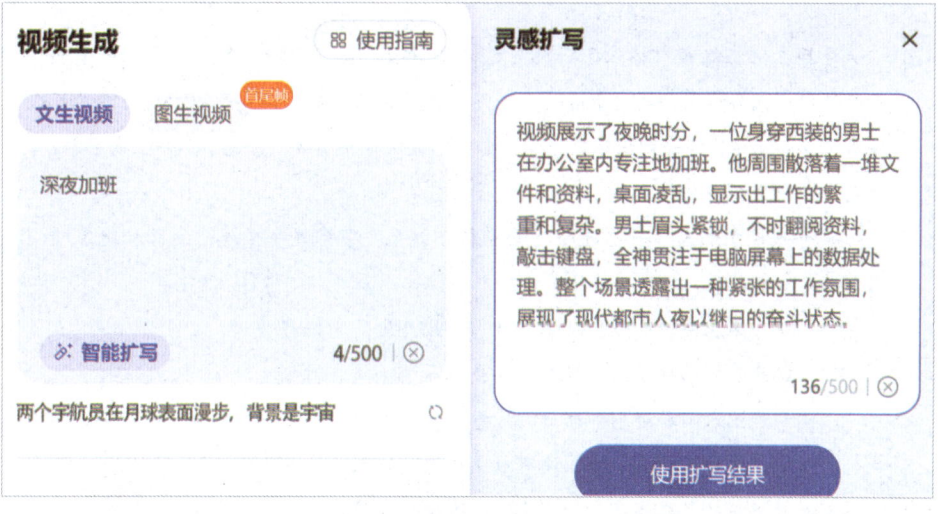

图 3-16 阿博利用通义万相扩写视频生成提示词

当点击"生成视频"按钮后，10 分钟之内，阿博就看到了通义万相根据描述生成的配有背景音乐的视频，如图 3-17 所示。

图 3-17 阿博利用通义万相生成视频

之后，他在视频中插入了一段自己的真实经历："工作三年，才发现一个扎心的事实：在公司里，我是个透明人。没人找我讨论重要事情，开会时我的意见好像从来没人记住，加班到深夜的方案，也从来没听老板肯定过一句。"并生成字幕，就完成了短视频的制作。

整个短视频配合了一些办公场景和打字效果，字幕逐字呈现，画面和内容非常简单，但极具代入感。

视频发布后，评论区炸开了锅，有人对此产生高度共鸣：

"这就是我！三年了，我根本没存在感。"

"同为透明人，加班到半夜出的方案，第二天领导只看了个开头就驳回了。"

"其实这样也没什么不好，没有社交压力，但就是升不了职。"

有人在评论区寻求指导，相应地，有人提供指导：

"为什么会这样？能具体说说怎么改变吗？"

"存在感是靠自己争取的，建议主动承担一些难度高的任务。"

"别灰心，很多人都经历过这个阶段，关键是找到自己的发力点。"

最后，这段几秒钟的视频在一天之内获得了几千次播放，评论区的人们热烈地讨论着，给了阿博很大的信心。

他意识到，职场话题确实有市场，而 AI 视频工具可以让他专注于内容本身，而不是被技术难题拖住脚步。于是，在后来的创作中，阿博逐渐摸索各种 AI 视频工具的用法，包括剪映、可灵等，用极快的速度提升自己的短视频产出数量。

比如，在拍摄场地允许的情况下，他一次收集了多个，合计长达一小时的视频素材，上传给剪映，选择"一键成片"功能，如图 3-18 所示，自动生成多个短视频。

图 3-18 剪映"一键成片"功能

动动手指还能一键更换短视频模板，匹配不同的背景音乐和特效。

而且，早期的时候，阿博给短视频配音，还会直接利用手机录音，但由于设备和声音条件有限，效果总是不尽如人意。后来，他直接使用剪映的"AI 配旁白"功能（图 3-19）给素材配上了相关配音，成片的速度更快了。

图 3-19 剪映"AI 配旁白"功能

　　就这样，其他视频创作者可能需要花数小时，甚至几天才能完成一个视频，而阿博每天可以轻松制作 5 到 8 个视频。高频发布让阿博的内容持续出现在用户的首页，也为他带来了更多的关注。

　　有一次，出现了某社交媒体热点事件，阿博用 AI 视频工具制作了一期职场热点分析视频，前后仅用了 20 分钟，抢在一众相关博主之前发布，迅速登上热搜，获得了超过百万次播放。这次事件让他涨粉 10 万，也为他的个人品牌奠定了基础。

　　当粉丝数量突破 50 万时，阿博开始思考如何商业化。他发现，许多公司希望通过他的账号推广产品，经过筛选，阿博会接下一些可靠的推广，赚取费用。同时，他的收入来源不仅仅是品牌合作，还包括知识付费课程、社群运营以及电商直播。他的短视频几乎都是由 AI 视频工具完成，确保了产出的高效率和高质量。

当被问到"如何看待自己的成功？"时，阿博是这样说的："我不是一个技术型的创作者，也不觉得自己是内容高手，但 AI 视频工具帮我缩小了差距。"

阿博的成功并非个例。AI 视频工具的最大价值，是让那些没有专业技能的普通人也能化身超级个体，参与到内容创作的赛道中。从整个故事中，我们可以总结出 AI 视频工具的功能有：

❶ 智能扩写与灵感提醒

阿博第一次用通义万相，只是输入了"深夜加班"这样的简单关键词，AI 就自动扩写成了一段包含画面描述和情感基调的完整脚本。这让创作从灵感到具体执行变得更加简单。这种功能可以帮助创作者快速将模糊的想法具体化，特别是在灵感不足或时间紧迫的情况下，快速完成从创意到内容成型的过程，极大降低了内容策划的门槛。

❷ 一键生成视频

以通义万相为代表的 AI 视频工具，大都具备视频生成功能，支持文生视频、图生视频，阿博仅用 10 分钟就制作出一个配有背景音乐的工作视频，无须自己编辑复杂的画面，大幅缩短了视频创作的时间。对于需要高频更新或快速响应热点的账号运营者来说，时间就是流量，这一功能让他们有机会以极高的效率抢占市场。

❸ 自动剪辑与批量生成

阿博运营账号，需要维持每天多条视频的更新量。原本这是一项艰巨的任务，但通过剪映的"一键成片"功能，能快速拆解素材，生成短视频。阿博只需要选个模板、换个音乐，就能让每条视频呈现出不同的效果，实在方便。对超级个体创业者来说，这种批量生成功能意味着自己可以从时间限制中解放出来，更好地应对短视频平台对频率和时效性的高要求。

❹ AI 配旁白

既然一天要发布很多条视频，那么就很难保证每条视频都是高质量的。因此，一些用来"凑数"的短视频，阿博直接交由 AI 来配旁白。上传视频素材后，AI 会自动识别画面内容，生成解说文字并配上语音，整个过程几乎不需要人工干预。

这样一来，创作者甚至不需要具备多么强大的文案能力，也不用担心录音质量问题，只需提供基础素材，就能快速完成解说和配音。这让更多的普通人也能轻松参与内容创作，尤其在高频内容更新的需求下，自动配旁白成为节省时间和精力的最佳选择。

❺ 模板选择

阿博会根据视频内容选择不同的模板，比如用简约职场风模板配合干货类内容，用节日主题模板制作年终总结视频。模板不仅让画面更好看，还为他省去了大量排版和设计的麻烦。

对于超级个体创业者来说，模板功能是他们打造差异化品牌的重要工具。通过选择风格统一的模板，创作者可以建立稳定的视觉识别度，增强观众对账号或品牌的记忆力。

AI 视频工具的存在，不是为了让短视频内容创作变得更复杂，而是为了把创作者从技术细节中解放出来。阿博的故事证明：哪怕没有专业的设备和技术，只要想做、敢做，AI 视频工具可以帮你在最短时间内拿出成果。在创意为王的时代，重要的不是你有多懂剪辑，而是有没有用对工具，抓住创作机会。

AI 音频工具：智能配音、音乐生成与音效处理

在内容消费碎片化的时代，音频的优势在于其无干扰性。用户可以在开车、健身、做家务时消费音频内容，而这些场景正是视频和文字所无法覆盖的。

而制作音频曾经是个让人头疼的技术活，需要录音设备、专业软件，还得耐心地剪辑调音。而 AI 音频工具的出现，彻底改变了这一切。从文字生成语音、自动配乐到音频优化，全程几乎不需要额外的技术支持，被广泛应用于播客制作、有声书录制、品牌广告宣传以及音乐创作等领域。

比如，有些人想做播客或有声书，却因为录音设备不足或者配音条件有限而作罢。AI 音频工具不仅能生成多种风格的语音，还能根据内容调整情感表达，轻松完成一段流畅自然的解说，甚至还能生成多语言版本，让同一段音频内容适配不同的听众群体。

代表性的 AI 音频工具有 Suno、豆包、魔音工坊、剪映等。下面通过阿珍故事，来看看 AI 音频工具的妙用。

> 阿珍曾是一名兴趣班的老师，对文字内容有深入的了解，但因为职业发展受限，不得不考虑自身未来的发展。一次偶然的机会，她接触到了有声书制作，便一头扎了进去。
>
> 但现实远比想象中困难得多。一开始，阿珍以为只需要录音设备和剪辑软件就能开工，结果发现录一段清晰的语音要反复尝试，剪辑更是耗费时间，甚至普通的背景噪声也很难消除。面对这些挑战，阿珍几乎要放弃，直到她接触到了 AI 音频工具。
>
> 阿珍第一次尝试使用魔音工坊，只是输入了一首古诗，如图 3-20 所示。

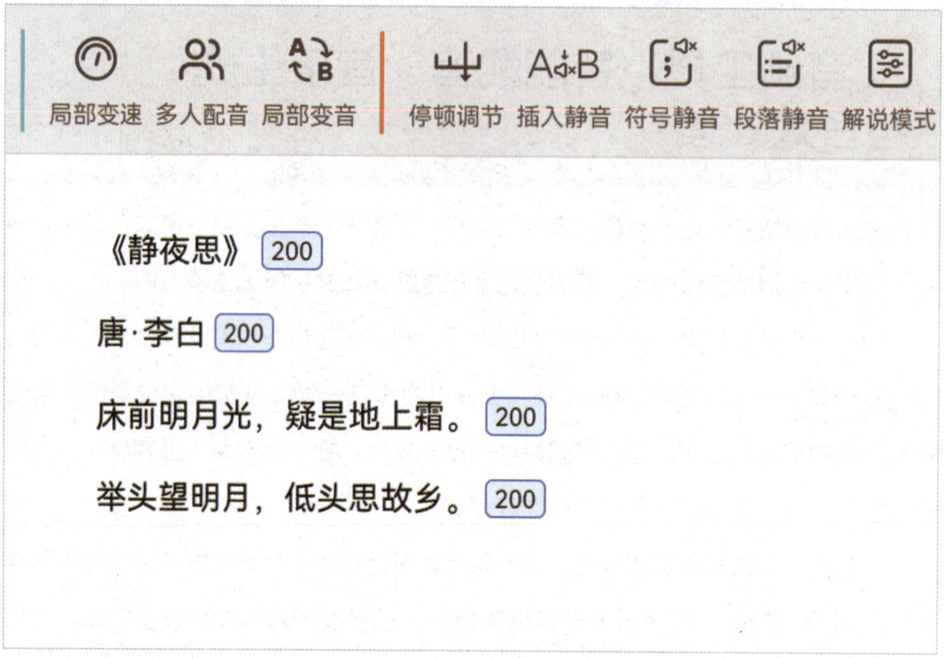

局部变速	多人配音	局部变音	停顿调节	插入静音	符号静音	段落静音	解说模式

《静夜思》 200

唐·李白 200

床前明月光，疑是地上霜。 200

举头望明月，低头思故乡。 200

图 3-20 阿珍在魔音工坊输入古诗

　　事实上，下面的"Ai 小魔快速创作"提供风格改写、缩写、总结、解释和多国语言翻译等功能，方便对配音文案进行修改。

　　文案上传成功后即可选择一个合适的配音角色来完成配音。魔音工坊里有上百种配音角色，甚至还有不同语言的配音角色，如图 3-21 所示。

图 3-21 魔音工坊的声音角色选择界面

　　因为是给古诗配音，阿珍选择了女声朗诵，随后进行了加重音、加声音特效，调整语速，完成了配音任务。

　　经过这一次，阿珍仿佛打开了新世界的大门，在接下来的任务中，开始尝试用 AI 音频工具辅助自己的工作。

　　在使用过程中，阿珍注意到，AI 配音生成的音频在情感的表达上常常显得不够自然，不知道哪个词需要重音，哪里又需要语速放缓。对此，魔音工坊是可以进行调整的。不过，一点一点去调整比较费时间。终于，阿珍摸透了魔音工坊的用法，发现了"声音转换"的功能（图 3-22），可以将自己录制好的音频上传，然后选一个配音角色，就能按照自己的配音表达中的停顿、语气、音律，生成一段新的配音，句中抑扬顿挫，几乎可以复刻出阿珍配音的层次感。

图 3-22 魔音工坊的"声音转换"功能

一次，阿珍要给一部悬疑小说配音，因为情节紧张、角色众多。仅靠阿珍自己的声音很难完成作品中多样化的情感表达。于是，她尝试用魔音工坊"多人配音"

功能直接生成配音。

她将整本小说的文字内容分章节导入，挑选了几位风格各异的智能配音师，为不同角色分配配音任务，如图 3-23 所示。

图 3-23　魔音工坊的声音角色选择界面

阿珍为不同角色的对话设置了不同的音色，还专门调整了语速，比如在紧张情节中加快语速，在舒缓场景中放慢语速。并配合上背景音效，如敲门声、风雨声等，营造悬疑氛围。最后完成了一部十分优秀的有声书作品，读者的反馈非常积极，有人评论"听起来像一部完整的广播剧"。

随着作品增多，阿珍意识到，读者对她声音的认可也是自己优势的一部分。但个人录音可能随着身体状况的不同，呈现出不一致的音色。

为了保持自己的声音风格，同时提高效率，阿珍决定使用魔音工坊的声音克隆功能（图 3-24）上传自己的声音样本，工具自动生成了与她声音极为相似的 AI 语音。

阿珍使用该语音模型完成了一部历史题材的有声书创作，听起来就像是阿珍自己在读，但比本人发挥还要稳定。

3秒克隆

（1）仅需2~3句文案，耗时大约3秒钟。

（2）个性体验，满足基本配音诉求。

（3）仅需1分钟，定制你的专属声音。

（4）制作费：0元。

大熊

小月

立即克隆

图 3-24 魔音工坊的"声音克隆"功能

　　阿珍的工作效率和创作质量在魔音工坊的帮助下大幅提升。她不再需要手动处理大量录音文件，而是将更多精力放在内容策划和推广上。同时，她利用魔音工坊生成的自动字幕文件，为每部有声书制作了对应的视频宣传片，进一步扩大了作品的传播范围。

　　阿珍的故事是一个普通人用技术放大创意的例子。从优化自己录制的音频，到直接生成 AI 配音，再到克隆自己的声音，她一步步探索和实践，用魔音工坊为她的创作赋能，也为她的有声书事业打开了更大的想象空间。

　　从阿珍的故事中，我们可以总结出 AI 音频工具的几大功能，如下：

❶ 快速配音

快速配音功能的意义远超表面上的"省时"。在传统创作中，录音与剪辑往往是耗时最多、对技术要求最高的环节，这对像阿珍这样没有专业录音经验的个体来说，几乎是难以逾越的障碍。而通过快速配音，她能够将烦琐的技术问题完全交给工具处理，将精力集中在文案创意与内容优化上。不仅改变了她的工作流程，也降低了从事有声书创作的门槛，让更多非专业人士得以参与内容生产。这种转型，是效率提升背后对行业生态的一次重塑。

❷ 多人配音

如果说传统有声书的录制是一个人的独奏，那么多人配音功能则让作品更像一场"交响乐"，让创作者能够尝试更加复杂的叙事结构。例如，阿珍为悬疑小说中的不同角色分配专属音色，并调整语速和情绪表达，塑造出丰满的角色形象和紧张的叙事节奏。这一功能不仅提升了作品的艺术感染力，还推动了有声书向多角色叙事，甚至音频戏剧等新形式的转变。

❸ 声音转换

声音转换功能的价值在于为 AI 生成的声音注入了更高的艺术性。AI 声音常被批评为"机械化"，情感表达难以自然，而这一功能通过模仿创作者录音中的重音、停顿和语调，让 AI 生成的音频更加接近人类语言的细腻表达，能在保留创作者个人风格的基础上，让配音过程更稳定、更顺畅。

④ 声音克隆

如果说声音转换只是保留了创作者一部分的表达风格，那么声音克隆基本可以完全保留创作者的音色。这一功能使得个性化表达与大规模创作成为可能。在读者已经认可她声音风格的情况下，阿珍通过上传自己的声音样本，让 AI 生成了与她声音高度相似的语音模型。这样一来，她的声音不仅成为作品标志性的一部分，还能实现更高效的规模化创作。

⑤ 配套字幕生成

字幕生成功能表面上是对音频文字化的处理，但实际上是为内容传播提供了多渠道支持。在信息传播越发多样的今天，单一形式的内容难以触达更多受众，而字幕文件的生成，让阿珍能够轻松制作视频宣传片，将有声书推广至更多平台。这种多媒体结合的方式，不仅提高了内容的传播效率，也让 AI 音频工具从单一创作工具转变为内容推送的助推器，为创作者提供了更广阔的可能性。

⑥ 音乐生成

当然，在阿珍的故事中，AI 音频工具的功能基本围绕着配音展开，配音可以用于有声书创作，也可以用于短视频解说、广告配音、教育课程录制，甚至是商业宣传片的制作。除了配音之外，AI 音频工具还有更令人震撼的功能，那就是音乐生成功能。

音乐创作对普通人来说，曾经的确遥不可及。毕竟，光是看着五线谱、录音设备、复杂的软件界面，就已经让人摸不着头脑了。更别说还需要懂乐理、会演奏。但现在有了 AI 音频生成工具，根本不需要会写谱子，也不用懂那些专业术语，甚至连乐器都不用碰。直接输入几个关键词，AI 就能生成一段符合意境的旋律，完全跳过了编曲、和声这些步骤。

　　以豆包为例，登录豆包主页，就会发现"音乐生成"功能按钮，点进去，如图 3-25 所示。

图 3-25 豆包的"音乐生成"页面

　　只需要按照给出的模板，选择关键词，AI 就能生成歌曲。比如，输入：

　　　　"我想创作一首歌曲，用 AI 帮我写歌词，表现一个温暖的冬日下午。这首歌是流行音乐风格，传达放松的情绪，使用女声音色"

　　点击发送后，不过几秒钟，一段清新的旋律就播放了出来，如图 3-26 所示。

图 3-26 豆包生成歌曲

  这种颠覆性变化，不仅让音乐从专业化的象牙塔走向了普通人，也激发了那些原本不敢触碰音乐创作的群体的兴趣与潜能。更重要的是，这种技术赋能让超级个体的"复合型"能力得到了实质性强化。音乐不再只是单一领域的专业创作，转而成为叙事、营销、个人品牌构建的有力工具。想象一下，一个既能写文案、画图，又能自己配曲，制作短视频的超级个体，无疑是市场上紧缺的高素质人才。

模式编

AI 时代的五种创业模式

　　商业的世界一直在变,但有些本质从未改变——人们总是需要更高的效率,更贴心的服务,更能打动他们的内容。AI 的到来,给了创业者把复杂的事情变简单,把遥不可及的创意变成触手可及的可能。一个人可以是内容的生产者,是品牌的运营者,还是服务的提供者。商业运作的边界正在被 AI 打破,创业者们开始尝试以更灵活、更精准的方式进入市场。在这样的背景下,新的创业模式逐渐浮现。

信息精准推送模式

在过去几年里，短视频内容的井喷式增长成了互联网创业的一大趋势。从日常生活中的美食分享到不同行业的深度揭秘，这些看似风马牛不相及的内容都有一个共同点：它们被精准地推送到了需要的人眼前。

这就是 AI 时代的一种创业模式——信息精准推送，借力 AI 重塑了信息传播关系的方式，让每一类信息都有机会找到最适合的受众。

在该模式下，信息和推送缺一不可，两者的关系可以形象地理解为"水源"和"渠道"。

信息是水源，没有吸引人的信息，推送再精准也只是无用的"电子垃圾"，不仅难以获得点击和转化，还会降低用户对后续内容的信任和接受度。

推送是输送水源的渠道。用户关注的消息并非绝对的"最有价值"，而是"最相关"。例如，将金融市场信息推送给对此毫无兴趣的用户，相当于白忙一场。因此，信息为推送提供了价值基础，而推送则为信息提供了意义的落地。

基于以上关系，AI 时代的超级个体创业者可以发现背后隐藏的两种商业逻辑：一是信息因用户而生。通过精准推送收集用户数据，创业者可以了解用户偏好，反过来优化信息，使其更加贴合市场需求；二是用户因信息而留存。有价值的信息通过精准推送引发用户兴趣，进而形成对创业者账号或平台的黏性，发展出长期的用户关系。

将这两种商业逻辑落实到实际创业中，就有了实时热点运营、区域化信息推送服务等创业项目。

▶ 实时热点运营

实时热点运营就是抓住热点事件的热度，利用 AI 工具生成与之相关的内容，再迅速推送给对这件事感兴趣的人。比如，突发的新闻、娱乐圈的绯闻、最新的产品发布，只要能引发大家关注的事情，都可以变成创业者的机会。

关键就是两个字：快和准。快是指在热点刚爆出来时就行动，准是指把信息推送给那些会点开并互动的人。

看过下面这个故事大家就懂了：

某天，一部备受期待的电影发布了首支预告片，瞬间在各大社交平台上刷屏，全网讨论热度飙升。一支专注于热点内容运营的小团队迅速嗅到商机，决定抓住这一机会，为自己赢得流量和收入。

团队首先用 AI 工具抓取了社交媒体上的相关讨论，包括微博热搜、短视频平台评论区以及新闻评论。他们发现，讨论集中在以下三个方向：

（1）主演的人气与表现：大量粉丝对主演的形象和台词展开热议。

（2）电影的视觉效果：预告片中的场景设计和特效引发了不少惊叹。

（3）改编背景：电影改编自畅销小说，原著粉丝正在积极讨论小说情节是否忠于原作。

明确了这些高频关注点后，团队围绕三个方向迅速展开内容创作。他们用 AI 工具生成了一系列素材：

➡宣传文案：分析电影剧情亮点，重点介绍改编背景和与原作的联系，并用 AI 工具优化文字，让语气生动、逻辑清晰，如图 4-1 所示。

这部电影凭借震撼的改编创意，将小说的经典剧情打造成一场情感与视觉的双重盛宴！原著中隐晦的暗线在大银幕上化身为引爆全场的高能转折，每个细节都精准戳中观众的神经。尤其是那个原作中只字未提，却在电影中引发全场尖叫的反转桥段，绝对会让原著粉惊呼"这才是完美解读！"小说的深度和电影的冲击力交织在一起，这不仅是一部改编，更是一场彻底点燃期待的情感风暴！

图 4-1 用 ChatGPT 生成电影宣传文案

→宣传海报：通过 AI 工具设计了几张海报，突出电影场景和故事角色形象和台词，颜色搭配与电影风格高度统一，如图 4-2 所示。

图 4-2 用豆包生成电影角色宣传海报

→宣传短视频：用 AI 工具生成并剪辑了一段配有影评的短视频，包括预告片的精彩片段和对视觉效果的专业点评，如图 4-3 所示。

图 4-3　用通义万相生成电影宣传短视频

这些内容 30 分钟内就快速完成，只为了确保赶在热点热度最高时发布。当然，团队并没有把这些内容一下子全发布出去，而是根据用户兴趣分群推送，做到"投其所好"。

第一步，用宣传文案在与电影官方账号关联的热门话题下发布剧情分析微博，同时通过关键词定向推广给关注影视改编的用户群体。

第二步，在原著粉丝聚集的论坛和群组中发布关于小说改编的深度内容，并用角色海报吸引读者分享。

第三步，将宣传短视频投放到娱乐类账号的粉丝群体中，特别是那些频繁点赞类似电影内容的活跃用户。同时，设置了"逐帧暂停"的视觉亮点吸引用户停留。

通过这些推送策略，每一类用户都能快速接收到与其兴趣最相关的内容。例如，电影粉丝看到的是剧情亮点的深度分析，而喜欢视觉特效的观众则被海报和影评吸引进来参与讨论。

内容发布后，短视频 24 小时内获得超过 50 万播放量，角色海报的转发数突破 1 万，微博文案的阅读量也达到 10 万以上。同时，团队的账号新增粉丝上千人。

为了将这些流量转化为实际收入，团队与一家电影票务平台合作。当发布内容时，同步在评论区和文章末尾嵌入了购票链接，并设置了"通过此链接购票享 9 折优惠"的活动。购票链接带有团队的专属识别码，便于追踪转化效果。

24 小时内，通过这些链接完成的电影预售票数达到上千张。每张票团队可以获得一定比例的佣金，最终在短短两天内为团队带来了接近数万元的收入。

该团队这次运营成功的关键在于三个方面：快速抓住热点、生成有吸引力的文案，以及精准推送目标人群。整个过程中，利用 AI 工具大幅缩短创作周期，同时通过智能推送策略最大限度地提高了信息的触达率，最终取得肉眼可见的成效，不光提升了团队的曝光度和收入，也为电影方的宣传带来了更广的覆盖。

这一模式不仅适用于娱乐热点，还可以扩展到行业新闻、科技发布甚至政策动态等领域，为创业者提供了极具价值的信息变现途径。

▶ 区域化信息推送服务

区域化信息推送服务，是一种专门针对本地市场的推广方式。其运作方式是，先通过网络或实地走访，获取与本地生活密切相关的内容，比如附近商铺的优惠信息、新开的网红餐厅、即将举办的街头活动等，然后利用 AI 工具生成宣传文案，配合实景照片和定位，推送给生活在附近的人。

此类服务有两大特点：一是内容本地化，要围绕用户所在城市，甚至是所在社区展开，突出区域特色，比如推荐某条街最火的小吃摊；二是推送精准，要通过定位技术确保这些内容送到距离最近、最有可能成为客户的人手里，比如推给在附近工作或者居住的用户。

比起全国范围的推广，这种"离我近、和我相关"的模式更能让人看了就有去走一圈的想法，帮商家吸引更多本地客流的同时，也能让用户感到信息有用，确实是一个双赢的创业机会。

具体来看下面这个例子：

临近周末，某市的文化广场即将举办一场"手工艺品市集"。主办方希望能够吸引更多本地居民前来参与。

接下该任务后，本地的一家推送服务平台团队首先到现场拍摄市集搭建过程的照片，记录每个摊位的亮点，比如本地知名陶艺师的手工瓷器、创意手绘帆布包和现场 DIY 手链体验。

之后，团队利用 AI 工具生成了一组轻量化、本地化的推送信息，针对不同平台优化内容形式。具体安排如下：

第一，通过本地宝的公众号推送给 30 万本地订阅用户。团队设计了一条推文，标题为"周末打卡好去处！文化广场手工艺品市集等你来"。简单介绍活动时间、地点以及免费入场等关键信息。配合图片展示摊位亮点，并提供现场地图链接，上活动独家福利信息："凭朋友圈转发链接即可到场领取免费饮品！"

第二，短视频平台推广。团队用 AI 剪辑工具制作了一段简短的宣传视频。开场是文化广场的全景航拍，随后快速切入陶艺制作的细节、帆布包绘制的过程以及家长和孩子互动的画面。视频搭配轻松愉悦的背景音乐，并配文："这个周末来文化广场，感受手工艺的温度！"发布在短视频平台上的本地号账号，同时定向投放给方圆 10 公里内活跃的用户。

推送信息发布后迅速引起关注，本地宝微信公众号的活动推文在一天内收获 3 万次阅读量，500 余用户转发链接。短视频播放量突破 10 万，互动率达 8%，不少用户在评论中直接表示"周末带孩子去！"

最终，这次区域化信息推送服务在活动两天内为手工艺品市集吸引了超过 5000 名访客。主办方表示，这种本地化推广方式有效抓住了"附近居民"和"精准需求"两个关键点，既提升了活动热度，也为商铺带来了实实在在的收益。

该案例充分展现了区域化信息推送服务的潜力，结合 AI 工具和本地资源，以实际行动帮助活动在短时间内达成目标，是区域化创业模式的成功范例。

除此之外，区域化信息推送服务还能够广泛应用于其他本地化场景。例如，在餐饮领域，区域化信息推送可以为新开的餐厅打造推广方案，将开业优惠、招牌菜推荐等信息精准推送给周边 3 公里内的用户，引导消费者第一时间到店体验。目标家长和学生需求的内容，如试听课信息、名师介绍等，直接吸引报名。在本地旅游板块，区域推送能够帮助景区推介季节性活动，比如灯展、音乐节或特定的文化体验，将特色内容精准传递给正在附近游玩的游客。帮助各种区域活动、商家和服务在短时间内迅速触达目标人群，提升曝光率和转化效果。

量身定制的服务模式

从定制化旅行线路，到专属设计的手工艺品，再到精确匹配个人习惯的健康管理方案，"为我而生"的服务代表着消费者越来越期待"自己的需求被看见"。

这种变化并非偶然。以往的商业逻辑多是通过大规模生产降低成本，以统一产品满足尽可能多的消费者。但这一模式在如今的信息过载与选择过多的市场中逐渐失效。消费者面对成千上万的产品选项，难以找到真正契合的服务，甚至产生了"选择困难症"。

与此形成鲜明对比的，是那些通过个性化设计精准击中用户需求的服务。于是，很多小而美的创业项目开始涌现，它们通过量身定制的方式精准切入市场，在满足用户个性化需求的同时，创造了独特的竞争力。

下面是量身定制的服务模式下，有代表性的两个具体创业项目：

▶ 定制化旅游服务

定制化旅游是一种以满足个人或小团体旅游需求为核心的服务，通过深度了解客户的兴趣、习惯和预算，设计出专属的旅游线路和体验。

这种模式其实很多旅行社都曾尝试过，但并没有做到实处。定制化的口号是打出来了，可在实际操作中依旧使用标准化的模板，仅仅将已有线路稍作调整。客户的兴趣、习惯和个性化需求很少被深入挖掘。

比如，一个喜欢自然风光的客户提到"想看湖"，旅行社通常会安排去当地知名的湖泊景点，但可能忽略了客户希望避开人群、欣赏静谧风景的真正需求。而一对热衷历史的夫妻提到想"体验传统文化"，最终却被安排到常规的博物馆走马观花，没有结合他们对深度导览或特色民俗活动的期待。这样不仅无法满足客户对独特体验的追求，甚至可能让客户感到失望。

当然，其中的原因很大可能与成本相关，为了节约成本，过去很多旅行社依赖固定的合作酒店和景点，很容易让所谓的"定制化"只是换了名字的标准化服务。而假如完全按照客户意愿定制的话，线路的酒店、交通和体验项目可能涉及更多小众资源，会增加成本，导致收费奇高，客户流失。

这种情况给了超级个体创业的机会。如果超级个体能做到真正的需求挖掘并合理地控制成本，就有可能在这一赛道中闯出一片天地。

我们来看一个例子：

小丽是一位定制旅行策划。最近，她接到摄影爱好者小李的委托：希望安排一次去雪山湖泊的旅行，同时进行拍摄，预算在 1000 元以内，不包含往返当地的交通，时间三天。

小丽接下这个单子，并没有急于推荐线路，而是花时间与小李进行了详细的沟通。通过谈话，她了解到小李希望的不只是简单地对着雪山和湖泊拍照，而是最好能在清晨捕捉到湖面倒影和晨雾效果。

对于旅游行程，小李希望能避免频繁奔波和标准化的景点打卡，节奏相对缓慢一些。同时，小李比较重视住宿的干净和饮食的地方特色，并不期待奢华酒店和昂贵餐饮。

在了解到相关信息后，小丽认为此次行程设计的重心不是常规旅游打卡，而是围绕拍摄体验展开。但自己一时拿不定主意，于是，她求助 AI 工具进行分析，咨询"如何安排行程，可以在 1000 元的预算内，让体验最好？"得到了如图 4-4 所示的回答。

雪山湖泊三日摄影之旅

预算规划

交通：选择公共交通出行，周边城市有前往雪山湖泊景区的大巴车，往返费用约 300 元。

住宿：预定景区附近的特色民宿，两晚住宿费约 400 元。

餐饮：品尝当地特色美食，三天预计 200 元。

其他杂支：预留 100 元用于购买小物品等。

行程安排

第一天：抵达雪山湖泊景区后，前往民宿办理入住手续并稍作休息。下午在湖泊周边漫步，寻找适合次日清晨拍摄的地点，熟悉环境并提前构思拍摄画面，感受雪山湖泊的宁静氛围，同时拍摄一些下午时段的湖景与雪山远景。

第二天：清晨早起，在最佳拍摄点等待日出，捕捉湖面倒影与晨雾效果，用相机记录雪山湖泊在晨曦中的绝美画面。上午继续在湖边进行拍摄创作，尝试不同角度与构图。中午回民宿休息，躲避中午强烈阳光。下午前往雪山脚下，拍摄雪山近景与周边的自然生态，如高山植被、溪流等。

第三天：上午再次前往湖边，拍摄一些特写镜头或进行航拍（若有设备且允许），将雪山、湖泊、周边的飞鸟等元素纳入画面，丰富摄影素材。之后收拾行李，办理退房手续，结束本次雪山湖泊摄影之旅。

图 4-4 豆包给出的旅游安排

根据 AI 工具给出的建议，并结合小李的预算，小丽最后安排的行程如下：

第一天：抵达宁静的小镇，融入当地生活

小丽安排小李入住了雪山脚下的一家民族特色家庭旅馆，出门就能看见远处的雪山。因这里不是热门旅游地区，也不在节假日，入住两晚仅需 200 元，还附赠一顿简单的晚餐。这家旅馆虽然价格便宜，但干净舒适，晚餐也是精心准备的当地特色家常菜，小李可以边用餐边拍摄一组特色美食的照片，收获创作灵感。

第二天清晨：徒步前往隐秘湖泊，捕捉绝佳光影

天未亮时，小丽租用了一辆当地的车，带着小李驱车前往湖边，这是一条只

有少数当地人知道的小径。租车一天的费用是 200 元，虽然比较昂贵，但可以给予小李最佳的拍摄体验，因为拍摄晨雾需要早起，并无任何公共交通。路上，小丽提前为小李准备了一份热乎乎的特色外带早餐，让他可以在拍摄前补充能量。晨雾轻笼的湖面与远山倒影让小李的拍摄体验达到顶峰。小李对雪山湖泊的景色特别着迷，提出想多停留一会儿进行拍摄。小丽迅速协调，延长拍摄时间。

第二天下午：在高山牧场参与手工奶酪制作

拍摄结束后，小李补充了一点自备的食物。继续驱车前往高山牧场。这里既是风景绝美的草原，也是当地居民日常生活的地方，不要门票。小李不仅拍摄了牦牛放牧的场景，还在牧民热情的邀请下，免费参与了制作奶酪的过程。牧场的自然氛围和人文体验让小李找到了新的拍摄视角。

第三天：自由探索，手工艺品的温度

最后一天的行程是自由活动，小丽推荐小李前往小镇上的一家民族特色手工艺品店，这里的匠人专注于制作独特的银饰和木雕。小李拍摄了一组匠人工作的生动画面，并选购了一枚刻有雪山图案的银戒作为纪念。

旅行结束后，小李兴奋地在社交媒体上分享："这不仅是一场旅行，更是一场属于我的拍摄创作之旅。从湖边晨雾到牧场互动，所有细节都精心设计，让我觉得每一分钱都花得值。"他的帖子收获了大量点赞，来找小丽定制旅行的人也越来越多了。

　　小丽在有限的预算内，通过深入了解需求和巧妙整合资源，设计了一次令人难忘的旅程。这种定制化服务，不仅展现了超级个体创业者在细分市场中的优势，也证明了创意和细节可以在预算有限的情况下带来高质量的体验。同时，AI 工具在这一过程中发挥了重要作用，帮助小丽快速生成行程方案，推荐交通、住宿、景点和餐饮选项，并灵活调整细节，让行程更贴合客户需求。

　　事实上，定制化旅游服务的精髓在于理解客户需求的优先级，并通过精准取舍实现资源的高效利用。也就是将有限的预算聚焦在客户最在意的地方，提供超出预期的体验，而对那些不被客户重视的环节进行合理的成本压缩。

比如小李，更在意拍摄体验，而不是吃住条件，那单独包车前往拍摄地的费用就是必须出的，吃住方面则选择小成本旅馆即可。更重要的是，小丽安排的高山牧场行程，给了小李预期外的体验，甚至成为整个旅程的记忆点。因此才会获得小李高度的评价。

▶ **个性化宠物服务**

这些年，"它经济"崛起。以前养宠物就是简单的喂养，给吃给喝就算尽责。可现在不一样了，养宠物早就成了一种生活方式，甚至成了很多人生活的重要部分。有人给猫狗买衣服买玩具，有人定期安排体检，还有人给宠物办生日派对。因此，市场需求变得更加多样化。于是带来了新的创业机会——个性化宠物服务。

和传统的宠物食品、用品不同，这个领域强调"专属"。它不再是一袋适合所有狗的粮食，也不是一支通用的猫咪玩具，而是为每只宠物量身定制，让每只猫狗都能享受到真正适合它的东西。而这些定制服务，不只是让宠物活得健康，还能让主人感到：它们真的被照顾得很好。

我们来看一个例子：

阿南开了一家"宠物健康管理中心"，这是一个集宠物食品、行为训练、健康管理于一体的综合性服务空间，专注于为宠物及其主人提供个性化、全方位的解决方案。

相比传统的宠物店，阿南的店铺更注重服务的专业性和定制化，店内配备了宠物健康数据采集和营养搭配系统，可以帮助宠物主人根据宠物的年龄、体重、健康状况和饮食习惯，设计独一无二的食谱。如果无法自制食物的，阿南店铺也可以提供专属宠物粮送货上门的服务。

同时，店内设有一个专门的行为训练区，配备了互动设备和训练器材。宠物主人可以带宠物来参与一对一的行为矫正课程，或通过视频课程学习基础训练技巧。

阿南本人也会为那些需要深度咨询的客户提供方案。

几个月前，王女士带着她的橘猫"花花"在阿南店里进行了一次例行体检，结果发现花花的体重超标了 20%，还轻微影响了它的健康状况。王女士希望通过科学的饮食和运动计划，让花花恢复健康，但由于市场上的标准产品效果有限，她选择了阿南提供的定制服务。

接到订单后，阿南通过自己的服务平台发送了一份详细的问卷，收集并分析了花花的基本数据，包括年龄、体重、饮食习惯、日常活动量等。同时，让王女士上传了一周的喂食记录和花花的健康体检报告。阿南将这些数据输入 AI 健康评估工具，几分钟后，系统生成了一份全面的宠物健康报告，指出花花的脂肪摄入过高，活动量不足，并对可能影响减重的行为习惯进行了分类分析。

根据 AI 分析的结果，阿南制定了一套详细的定制化方案，并通过 AI 营养搭配工具设计了花花的专属食谱。食谱由低脂高纤猫粮和少量冻干鸡肉零食组成，以满足花花挑食的特点。为了控制成本，阿南联系了一家本地宠物食品工厂，利用对方的小批量生产线，按月为花花加工专属猫粮。

运动方面，根据王女士上传的花花日常视频，阿南评估了它的活动偏好。发现花花对追逐运动最感兴趣。为了更好地帮助花花运动，阿南通过咨询 AI 工具，得到了几种适合花花的运动方式，如图 4-5 所示。

以下是一些相对详细又不复杂的训练建议：

(1) 玩具追逐类

逗猫棒训练

逗猫棒是很好的工具。你可以拿着逗猫棒在猫咪面前晃动，吸引它的注意力后，开始慢慢移动逗猫棒，让它追逐。移动速度可以时快时慢，让猫咪有不一样的追逐体验。每次训练时间在 10 分钟左右，每天 2 - 3 次即可。当猫咪成功抓住逗猫棒时，给它一小片冻干零食作为奖励。

激光笔训练

打开激光笔，将红点投射在地面或者墙壁上。引导猫咪去追逐红点，注意不要让红点长时间停留在一个地方，也不要让它照射到猫咪的眼睛。训练 5 - 8 分钟后，用零食奖励猫咪，比如给它几颗猫粮或者小肉干。

自动玩具训练

买一个自动滚动的小球玩具，把它放在客厅等开阔空间。打开玩具开关，让猫咪自己去追逐滚动的小球。等猫咪玩了一会儿后，把玩具收起来，下次再用，保持猫咪对玩具的新鲜感。如果猫咪和玩具互动良好，就奖励它一些猫薄荷或者小零食。

(2) 障碍追逐类

家居障碍设置

把椅子间隔一定距离摆放，用绳子在椅子腿之间连接，在一端放上猫咪喜欢的小玩具或者零食。让猫咪从绳子和椅子构成的通道中穿过，去追逐诱饵。开始时通道简单些，等猫咪熟练后再增加难度，每次成功后都奖励它。

自制小隧道

用硬纸板做一个小隧道，放在房间里，在隧道出口放置猫咪玩具。猫咪为了追逐玩具会钻入隧道，这样可以锻炼它的灵活性。当猫咪完成穿越后，奖励它玩最喜欢的羽毛玩具或者给它一点猫罐头。

图 4-5 豆包给出的宠物训练方法

阿南将这些方法分享给了王女士，指导王女士在家用激光逗猫器配合玩具，让花花逐步适应更高强度的活动。

经过三个月的计划实施，花花的体重下降了 12%，各项指标也明显改善，状态比以前更活跃。王女士非常满意，不仅在社交媒体上晒出了花花的前后对比，还特意感谢阿南的贴心服务。

阿南的宠物店不只是一个购物的地方，而是一个帮助宠物主解决个性化需求、提升宠物生活品质的空间。对于客户来说，这里不仅是找到产品的地方，更是获得科学养宠指导和情感支持的社区。这样的"宠物健康管理中心"，既有实体的专业服务，又有线上跟踪的便捷体验，是传统宠物店向服务化、专业化升级的典范。而阿南这种依托技术、精准服务的创业模式，也正可以成为超级个体在宠物经济崛起时代中脱颖而出的绝佳路径。

自动化与效率提升模式

人们对效率的追求从未停止。无论是企业还是个人，都希望能在有限的时间内完成更多、更复杂的任务。然而，现实中仍然充斥着大量重复性高、操作复杂的工作，由此引出当下工作的一个痛点：许多流程烦琐、耗时却必不可少，同时对创新性和价值的贡献有限。而正是这种矛盾，催生了一种创业模式——自动化与效率提升模式。

该模式的核心，是通过技术手段替代人工执行那些标准化、重复性高的工作，让人们将更多精力投入创造性和战略性任务中。这正是 AI 工具所擅长的领域。因此，在技术方面比较在行的创业者，大多会选择这一创业方向。

以下是两种自动化与效率提升模式下的具体创业例子：

▶ 智能客服与支持系统研发

智能客服与支持系统，本质上就是用 AI 替代人工客服，帮企业解决客户服务中的那些琐碎又高频的问题。其核心是通过 AI 技术，比如自然语言处理和机器学习，打造一个能"听懂人说话"的虚拟客服。这个客服不但能回答当前的问题，还会从每一次对话中学习，优化自己的回答方式，变得越来越"聪明"。

整个系统的运作其实不复杂，后台有一套强大的知识库，存着企业的产品信息、常见问题和解决方案。当客户发来咨询时，系统会快速匹配问题，给出答案。如果遇到比较复杂的情况，AI 还可以智能判断，把问题转接到人工客服，确保服务不中断。

为什么说此类项目有潜力呢？原因很简单，企业都想节省人力成本，提高客户服务效率。一个 24 小时在线的智能客服，不仅成本低，还不出错，不需要休息，不会受情绪影响，客户体验直接拉满。

来看一个故事：

阿明曾在一家互联网公司负责技术研发，接触过自然语言处理方面的研究。多年前，网络购物兴盛，他辞去了工作，踏上了创业之路。

阿明的创业灵感来源于一次购物体验。他在某电商平台上购买了一件商品，因收到货超过七天没有打开，等过了时限想起来拆开发现商品有瑕疵，想要退货却遭遇重重困难。光是查询退货政策，就耗费了一个小时，辗转了多个页面，甚至联系客服却迟迟得不到满意的答复。

这次经历让阿明意识到，传统客户服务效率低下，特别是对于中小型电商企业而言，客服资源的匮乏影响了客户体验，更阻碍了企业成长。这是一个创业机会，于是，他决定用自己的技术专长解决这个问题。

阿明一开始的想法很简单：设计一个基于 AI 的客服工具，帮助电商企业回答客户的常见问题，同时保留人工接入的灵活性。

为了验证市场需求，阿明在半年时间内采访了 30 多位中小型电商企业老板，发现许多商家有类似的难题：客服招聘成本高、服务时效性差、客户满意度低。更重要的是，传统的客服系统复杂且价格昂贵，不适合中小型企业。

为了降低进入门槛，阿明决定从技术架构和产品设计上"减负"。他的智能客服工具采用"即买即用"的模式，企业只需上传常见问题和相关业务信息，系统即可快速生成一套针对性的知识库。客户通过网站或聊天窗口咨询时，AI 会实时从知识库中提取答案并反馈。如果遇到复杂问题，系统能智能判断并通知人工客服介入，保证用户体验。

阿明的第一个客户是一家做手工饰品的小电商。由于业务规模不大，公司无法雇佣足量的专职客服，日常客户问题都靠老板自己回复。但随着销量增长，老板实在无力兼顾客服和运营工作。

在试用了阿明的客服工具后，该电商公司仅用三天时间就搭建了一套自动化客服系统，将超过 70% 的客户问题成功自动化处理，剩下的部分也因系统的精准分类而变得易于管理。两个月后，小店的客户满意度提升了 15%，销量也有了显著增长。

到今年，阿明的 AI 客服工具已服务超过 200 家电商类中小企业，覆盖了电商、教育、旅游等多个领域，不仅为企业解决了效率问题，也让自己在创业路上稳步前行。

阿明的创业故事是自动化与效率提升模式的一个典型案例，他用智能客服系统解决了中小型电商企业客服效率低、成本高的问题，为很多想创业的人指明了一条路。

对于那些想进入智能客服与支持系统领域的创业者来说，其实可以像阿明一样，从垂直行业入手，比如做专门服务电商的客服系统，或者针对医疗行业提供在线问诊助手，这些都是可以选择的方向。

选择垂直行业的好处是，可以更精准地解决某一类用户的具体问题，同时开发起来更聚焦，不需要覆盖那么多功能，推广也更容易。比如服务电商，就只需要把物流和订单管理这些常见问题处理好；而医疗方向，则需要客服具备一定的专业性。不管选择哪个行业，只要能够提升效率，让客户觉得有价值，产品自然就有竞争力。

▶ 个人效率提升工具设计

除了企业，个人同样需要效率提升工具。举个例子，每天的时间就那么多，可工作、学习、生活里的事却越来越多。邮件、会议、任务清单、家庭琐事，感觉永远做不完。这个时候，如果有一款工具能帮你规划时间、整理信息、提高效率，生活是不是就轻松了很多？

还有，我们每天都在处理海量的信息，不管是工作文件、会议记录，还是生活中的照片、备忘录，总是容易找不到或者堆得一团乱。如果有一款工具能帮你自动归类这些东西，比如识别图片里的文字生成文档，或者通过关键词帮你找到某次会议的讨论重点，那绝对能省下不少时间。

再来说学习，学习并不是只有学生需要，职场人也经常需要快速掌握新技能。一个可以根据学习目标和进度每天推送一篇相关的内容、生成记忆卡片，甚至根据遗忘曲线提醒复习关键知识点的工具，也会让人觉得学习不再是压迫感，而是一种循序渐进的享受。

其实，在现实生活中，手机上的个人效率软件已经有很多了，像写作助手、PPT 生成器，包括先前工具篇中介绍过的各种 AI 工具，都属于个人效率提升工具，也正是技术型超级个体创业的经典方向。

来看一个故事：

阿轩曾在一家互联网公司负责算法优化，有一次陪女儿复习英语单词时，听到女儿抱怨练习内容太枯燥，用背单词软件背了半天，记住的单词寥寥无几。

于是，阿轩调研市面上的背单词 App，发现大多数工具仅仅停留在机械化重复上，完全忽略了个人记忆特点和学习曲线。于是，他决定开发一款结合经典记忆法与人工智能的工具，取名为"萌词宝"。为了让学习更有趣，他还融入了场景化学习，以游戏的方式来背单词。

当用户第一次打开"萌词宝"时，系统会要求输入学习目标，比如托福考试单词，或者日常交流单词。目标设置完成后，要进行当前掌握程度的测评，以便匹配不同的学习等级。

开始学习后，每个单词就像一个虚拟宠物，学习时，你需要"喂养"它——也就是完成与单词相关的任务，比如拼写、听写、造句或者图片匹配。

单词的"饱足感"显示在一个可视化的能量条上。如果记忆强度不足，能量条会下降，单词开始进入"低记忆风险"状态，此时系统会自动标红，并安排在接下来的复习计划中。用户需要完成多轮训练，才能把单词养到"满级"，这时它会被收进用户的"记忆宫殿"，即用户的长期记忆库。

有趣的是，每个单词都有对应的联想和情景化内容。比如，"meticulous（一丝不苟的、小心翼翼的）"，学习时会出现一个画家小心翼翼地画细节的插图，如图 4-6 所示。

图 4-6 单词软件插图

　　用户点击图片，就能听到原汁原味的句子："The meticulous artist spent days perfecting his painting.（这位一丝不苟的艺术家花了数天时间精心打磨他的画作）"。

　　在"萌词宝"里，学习不仅靠看，还通过听觉、触觉甚至逻辑思维的刺激加深记忆。比如"accommodate"（容纳）的学习环节中，用户会看到两座房子，系统要求拖动物品到房子里，直至"accommodate everything"。类似的互动场景设计，让用户在操作过程中潜移默化地记住单词含义和用法。

　　每当学习完一部分单词，就会自动跳转场景。以"airport adventure（机场冒险）"主题为例，用户会进入一个虚拟机场，需要完成一系列任务：比如通过安检时回答安检人员的问题，或者在登机时解释自己的行李是否超重。这些任务全是用刚刚学过的单词设计的，错了会即时反馈，正确则计入学习分数。这样的过程不仅让单词"活"起来，也帮助用户理解它们的真实用法。

为了让记单词变得更有动力，阿轩还设计了"单词竞赛"模式。用户可以邀请朋友组队参与挑战，比如限时内拼写最多的单词、用给定的单词造句，或者完成图片匹配任务。比赛成绩会实时显示在排行榜上，并根据表现解锁奖励，比如新的场景主题或者趣味学习素材。

更值得一提的是，"萌词宝"通过算法，让软件捕捉每个用户的学习行为，包括正确率、练习时间，甚至用户对某些题型的偏好。如果某个单词在发音题中常常被用户答错，系统会提高这个题型的比重，直到用户准确掌握。如果用户某天学习不多，系统会减少新学单词量，同时强化复习，避免疲劳学习导致记忆效率下降。

这套动态调整的学习策略被称为"记忆热力图"。用户可以打开热力图，看到哪些单词是自己的"短板"，系统会标记这些单词为重点复习对象。这样一来，学习变得有条理，也更有针对性。

最后，"萌词宝"上线仅四个月，就吸引了超过 10 万用户，特别是在学生和职场人士中口碑很好。

市场上工具很多，但不意味着没有创新空间。就像"萌词宝"，把记忆科学和 AI 结合，再融入游戏化的体验，不仅解决了单词记忆的效率问题，还让学习变得有趣、有参与感。细节决定成败，这种"过程上的愉悦"或许才是效率工具最打动人的地方。

阿轩的故事证明了，创新并不总是颠覆，有时候只是把简单的事做到极致。这种成功的思路，其实可以推广到其他类型的个人效率工具创业中。

IP 内容运营模式

在内容为王的时代，我们常常会看到一类现象：一个生活博主用短视频记录自己的极简生活方式，吸引了大量拥护简约美学的观众；一部小众题材的漫画作品，因为情节扎实、画风鲜明，逐渐形成了自己的粉丝群体，并衍生出周边产品和线下商业展览活动；甚至一个虚拟角色，通过持续推出高质量的故事和音乐作品，也能得到无数人喜爱。

以上现象有一个共同的运作逻辑，就是靠内容本身的吸引力和持久的价值输出，吸引用户，形成黏性。从创业角度来说，这就是 IP 内容运营模式。

IP，全称为 Intellectual Property（知识产权），在内容运营领域，通常指拥有独特价值和识别度的创意作品、品牌形象或文化符号。IP 的核心是内容和文化的长期价值。

与信息精准推送模式不同，IP 内容运营模式的运作顺序不是先找到需求再输出内容，而是先通过优质内容打造 IP，吸引有兴趣或对此产生共鸣的人主动关注，再通过持续的运营，让内容具备延展性和商业转化能力。该模式强调的是内容的创造力和影响力，通过鲜明的人设、故事或情感连接，把受众从被动的消费者转化为忠实的粉丝，甚至是 IP 的传播者。

相比信息推送模式，IP 内容运营模式有着更强的品牌构建能力。因为该模式的重点不是满足眼前的需求，而是通过内容建立长久的认同和情感联结。一个成功的 IP，可以衍生出多种变现方式：周边产品、会员订阅、线下活动，甚至是影视改编。这种从内容到商业的闭环，让 IP 成为一项可持续运营的资产。

落实到具体的创业路径上，创业者可以从多种形式切入，比如写作、视频创作、动画设计，甚至是音频讲述。无论形式如何变化，关键都在于让内容"站得住"，能够承载价值观、情感共鸣或独特体验。

以下是 IP 内容运营模式下的部分创业实践展示：

▶ 兴趣社区内容孵化

兴趣社区内容孵化，顾名思义，就是围绕特定兴趣爱好建立社区，通过优质内容吸引志同道合的人，然后在这个过程中让社区的活跃度和影响力逐步扩大，最终将这种兴趣转化为商业价值。

这里所说的"社区"不是指传统意义上的实体社区，而是一种基于共同兴趣或爱好的人群聚集和互动的空间。社区可以是线上的，也可以是线下的，甚至是两者结合，重点在于围绕某一兴趣形成的内容互动和社群文化。

兴趣社区内容孵化的运作逻辑是，先找到一个有潜力的兴趣领域，用有吸引力的内容来聚拢第一批用户。创业者可能会通过写文章、拍短视频或者制作播客的方式，把个人对兴趣的理解表达出来。

比如，某创业者喜欢模型制作，可以拍教程视频，教大家如何从零开始制作复杂的模型，或者分享一些手办收藏的冷门知识。当这些内容吸引了足够多的关注，社区就会逐渐形成，成员们会开始在评论区、论坛甚至线下活动中交流，形成一个有黏性的群体。

在这个过程中，运作的重点是保持内容的质量和社区的互动氛围。内容要能持续吸引人，比如发布更加专业的教程、邀请领域内的达人一起做直播，或者分享一些独家资源。与此同时，创业者需要活跃在社区中，与粉丝互动，回应他们的问题和建议，甚至组织一些活动，比如线上比赛或线下见面会，让大家有更多参与感。

等社区的规模和影响力达到一定程度，就可以开始探索商业化的路径。比如，发布与兴趣领域相关的周边产品；组织会员制活动，为核心粉丝提供专属内容和福利；或者和品牌合作，将你的社区影响力转化为收入来源。关键是，所有商业化尝试都要建立在对社区的尊重之上，不能让成员觉得自己只是在被榨取利益。

来看看小阳的创业故事：

小阳从大学开始就迷上了户外运动，最初是在同学邀请下去爬了一次山，从此一发不可收拾。他爱上了大自然带来的自由感，也享受克服体能和心理挑战后的成就感。

一次偶然的机会，小阳在登山过程中结识了一群同样热爱户外的人，大家分享装备、讨论路线，却发现信息非常分散，没有一个系统的渠道去交流或学习。很多新手更是因为缺乏经验或装备选择错误，导致户外活动变得不愉快甚至危险。

为什么不试着建立一个大家能交流经验的地方？小阳萌生了这个想法。

自此，他一边整理自己的徒步日记，一边开始在社交媒体上发布内容，记录自己对户外运动的见解。他拍了一条短视频，讲解"5 分钟教你选择适合新手的登山鞋"，通过清晰的对比图和真实的户外照片，直观地告诉观众如何根据地形、气候选择不同的鞋子。他还分享了一篇图文攻略《第一次露营必备清单》，列出了背包、帐篷、防潮垫等装备的具体品牌推荐，并说明了选择这些装备的原因。

为了让内容更专业、易懂，小阳使用了 AI 工具生成数据可视化，比如对不同帐篷耐风性能的比较表，或者适合新手的热门徒步路线热力图。这些直观的呈现，让他的内容既实用又美观，迅速吸引了大量关注。

没想到，这些内容迅速吸引了一批粉丝，评论区热闹非凡，很多人前来提问："如何选购户外背包？""雨季露营怎么防潮？"针对这些问题，小阳利用 AI 文案工具生成快速回复草稿（图 4-7），再结合自己的实际经验进行调整和优化，为粉丝提供清晰实用的答案。这些互动不仅增加了粉丝的信任，也逐渐形成了一个热烈讨论的氛围。

如何选购户外背包？

🔍 基于 4 个搜索来源 ♪

选购户外背包可以考虑以下几个方面：

确定需求：明确使用背包的目的、行程时长、所需携带的物品等。一般来说，30-45 升的背包可以满足普通的单日户外活动需求；如果是 3-7 天的中短期徒步，可以选择 50-70 升左右的背包；7 天以上则可以选择 70 升以上的背包。

背负系统：选择一个舒适的背负系统，能够减轻肩膀和腰部的负担。好的背负系统应该具备可调节的肩带、腰带和胸带，以适应不同的身材和背负需求。另外，背负系统的透气性也很重要，可以减少背部出汗和不适感。

容量和重量：根据行程和个人需求选择合适的容量。同时，要注意背包的重量，尽量选择轻量化的背包，以减轻负担。

材质和耐用性：背包的材质应该具备防水、耐磨、抗撕裂等特点，以适应各种户外环境。同时，要注意背包的缝合工艺，确保结实耐用。

人性化设计：选择具有人性化设计的背包，如多个分隔口袋、侧袋、水袋仓等，方便分类存放物品和取用。此外，背包的开口和拉链设计也要便于操作。

品牌和价格：选择知名品牌的背包，通常质量更有保障，售后服务也更好。同时，要根据自己的预算选择合适的价格。

另外，在选购户外背包时，最好能亲自试背，感受一下背包的舒适度和稳定性。同时，可以参考其他户外爱好者的经验和评价，以便做出更明智的选择。

图 4-7 豆包回答户外运动相关问题

　　粉丝的增多让小阳意识到，单向的内容输出并不足够，大家需要一个可以直接交流和互动的地方。于是，他建立了一个名为"云游坞"的在线社区，分为几个核心板块：

　　新手课堂：系统整理了从入门装备到路线规划的基础教程。

　　装备评测：小阳和一些资深玩家分享对不同装备的真实测评，包括优缺点、适用场景。

　　云游故事：用户可以分享自己的户外经历，无论是成功的徒步记录，还是因为装备不当而学到的教训，都成为社区的热门话题。

　　为了让社区更有吸引力，他策划了一场"装备分享大赛"，鼓励大家上传自己最得意的装备照片和使用心得。获胜者可以获得户外品牌的折扣券，这些奖品通过小阳和装备商的合作免费提供。

　　在设计活动方案时，利用 AI 工具出具了一份简单的方案草稿，如图 4-8 所示。

户外装备分享大赛活动方案

(1) 活动信息

主题：装备赋能户外，分享启迪出行。

目的：构建交流空间，促装备知识传播，激户外参与热情，挖优质心得创意，为爱好者引航。

时间：[报名时间范围]-[作品提交时间范围]-[投票时间范围]-[结果公布与颁奖时间]。

地点：活动官方网站及社交媒体平台。

对象：户外爱好者、俱乐部成员、相关从业者等。

(2) 流程安排

报名：在官方渠道填信息（姓名、联系方式、简介）报名。

作品提交：

形式：装备评测视频（≤10 分钟）、使用故事文章（≥600 字）、创意搭配展示（图或≤8 分钟视频）。

要求：含装备详情，确保原创首发。

初审：评委团（户外达人、装备专家）依专业度、内容丰度等筛出入围作品。

投票：公众在平台为入围作品投票（日单作品限一票），严打刷票。

结果确定：综合投票（60%）与评委打分（40%）定获奖名单并审核。

颁奖：线上公布名单办典礼，连线获奖者发奖，邀其分享并请评委总结。

(3) 作品要求

内容：切题有深度，评测客观、故事真实、搭配新颖实用。

格式：视频 MP4 格式（≥720p），文章 Word 文档，创意展示按对应格式并配说明。

(4) 评选标准

专业知识（30 分）：讲解准确深入，剖析优缺点与适用范围。

实用效能（30 分）：经验技巧可实操，能提升户外体验。

创新创意（20 分）：选题、形式、思路有新意。

展示效果（20 分）：文字、视频、图片质量佳，展示逻辑强。

(5) 奖项设置

一等奖（1 名）：高端装备大礼包、奖杯、证书、品牌合作机会。

二等奖（2 名）：精选装备套装、证书、摄影课程。

图 4-8 豆包生成户外装备分享大赛活动方案草稿的部分内容展示

小阳修改填充后就顺序发布了方案内容。活动按计划顺利进行，既活跃了社区，又促进了用户间的知识共享随着社区逐渐壮大，小阳开始尝试线下活动。他策划了一次"周末徒步体验营"，主要面向社区的新手成员。活动前，他用地图工具选择了一条适合新手的短途徒步路线，结合天气预报和路况数据，设计了最安全的行程规划。

当天，20 多位成员聚集在出发点，小阳带领大家从装备检查开始，逐一指导背包的正确调整方式，甚至细致到如何绑鞋带防止脚疼。在徒步途中，他结合实际场景教大家如何判断路线安全性，以及使用指南针和地标导航的小技巧。这些新手完全沉浸在体验中，既学习了实用技能，又感受到了户外运动的乐趣。

活动结束后，参与者纷纷在社区分享自己的心得和照片，有人感叹"从害怕到喜欢只用了一个下午"，还有人留言感谢小阳的专业指导。这些真实的分享，又进一步吸引了更多人加入社区。

社区规模不断扩大后，小阳开始尝试商业化路径。

他与一家本地户外装备品牌合作，为社区用户提供租赁服务，解决了新手高成本购置装备的痛点。与此同时，他开设了订阅制户外课程，比如"高海拔徒步生存技巧""雨季露营的防潮对策"，这些课程结合 AI 生成的内容脚本和小阳的个人经验，既节省制作时间，又保证了专业性。

此外，小阳还开始开发自己的户外品牌，推出了一些入门装备，比如功能性腰包和轻便雨衣。每件产品都附带简洁实用的使用说明，让用户觉得"买装备也是在买专业指导"。

如今，"云游坞"已成为区域内最活跃的户外运动社区，拥有超过 3 万名用户。它不仅是新手学习的入口，也是资深玩家分享经验的阵地。小阳通过课程订阅、装备合作和自有品牌实现了稳定收入，更重要的是，他的社区成为许多人户外运动旅程的起点。

小阳的创业成功得益于兴趣社区内容孵化的完整运作：从优质内容吸引种子用户，到打造社区增强互动，再通过线下活动深化关系，最终形成可持续的商业模式。AI 工具虽是辅助，却在提升效率和优化体验中起到了关键作用。

可见，一个人的热爱通过细致运营与社区联结，最终也可以成长为一份可持续发展的事业。这正是兴趣社区内容孵化的魅力所在。对于喜欢和人分享、乐于投入时间做深耕的人来说，的确是一个既有趣又有潜力的方向。只要你有爱好，比如绿植、编织、摄影，或者哪怕对某款冷门游戏情有独钟，都可能成为创业的机会。

▶ 文化保护与内容再现

文化保护与内容再现，其实是一个特别有温度的创业方向。简单说，就是通过数字技术和内容创意，把那些正在消失的文化遗产重新激活，吸引文化爱好者的关注，最终实现商业化。

很多人可能会问："这和兴趣社区的内容孵化有什么区别？听上去也算是一种兴趣内容。"

究其根本，兴趣社区往往是围绕爱好或个性化内容展开，虽然有创意，但更多是为了"好玩"，为了丰富个人体验。而文化保护与内容再现不仅是吸引更多人的注意力，更在于保存文化的独特价值，让那些看似离我们很远的文化遗产，以另一种方式融入现代人的生活中，真正做到"传承"与"再现"。可以说，文化保护与内容再现不仅是一种创业实践，更是一份责任，甚至是一种情怀。

在这个领域创业，核心在于找到那些需要保护的文化遗产，比如民间手艺、传统民乐、濒临消失的方言，甚至是老旧的建筑风格，这里需要和地方政府、非遗传承人或者历史学家合作，确保这些资料的真实性和完整性。

接下来，通过技术把这些资料数字化，比如拍成高清影像、制作 3D 模型或者用 AI 复原声音和影像。

最后一步是内容再现，这其实是最有创意的部分，也是和兴趣社区拉开差距的地方。它不仅仅是做给喜欢的人看，而是要让普通人明白这些文化的价值。比如，一款植入传统剪纸艺术的互动小游戏，不仅有趣，还能让人了解剪纸背后的寓意；或者一场直播，用现代的方式重新讲述古老的民间传说，让年轻人也能为之动容；还可以通过虚拟现实让人"走进"一座古老的戏台感受它的历史。

来看看阿晨是怎么做的：

在江南某个百年古镇，木雕曾是这片土地上的重要文化符号。镇上的老匠人周师傅，手握雕刻刀六十余年，将一块块普通的木头化作栩栩如生的飞禽走兽。然而，近年来，随着年轻人离开古镇，老一代手艺人的凋零，木雕技艺正濒临失传。直到那一天，阿晨和他的团队来到了周师傅的店。

起初他们进来的时候，到处拍照参观，周师傅并没有什么反应。年过七旬的他已经不记得有多少次被外来人拜访，拍几张照片，问几个问题，转头再也不见踪影。他对外界所谓的"保护文化"的说辞早已习以为常。但这一次来的人却好像有些不一样。

"师傅，您有没有想过，让您的作品被更年轻的人知道？让他们也试着学习雕刻？"阿晨直截了当地问道。

周师傅笑了笑，"这门手艺，年轻人愿意看就不错了，真学，太难。"

阿晨接着解释："我们不只是想拍点素材，而是想用技术把您的技艺带到网络上，做成一个虚拟互动课程，让大家不仅能看，还能'摸'您的雕刻。"这个概念让周师傅的兴趣被吊了起来，但他还是心存疑虑："你们这些年轻人，真能让手艺在手机上'活'起来？"

最终，在阿晨的解释下，周师傅同意尝试一次。

从那天开始，阿晨的团队频繁造访周师傅的工作室，不仅记录他雕刻的过程，还详细询问他每个步骤背后的故事。比如一块木头该如何挑选，雕刀如何运力，哪种图案的寓意最受欢迎。

团队的内容策划阿瑶发现，周师傅并不是个沉默的匠人，一旦聊起他的作品，他能讲上几个小时，而这些故事正是他们需要挖掘的核心。

在拍摄过程中，阿晨认为，光靠影像记录不足以体现木雕的精妙，后来，他们使用高精度激光扫描记录了每件作品的细节，甚至包括刀痕，来还原雕刻过程中最原始的美感。花了三个月将这些扫描数据转化为3D模型，构建了一个数字木雕库。

然而，技术不是终点。普通的说教式视频并不能吸引大量年轻人。于是，阿晨的团队将木雕技艺设计成一个互动式体验游戏。在游戏场景里，用户可以先学习雕刻技艺，然后亲自尝试通过触屏模拟木雕的过程，每一刀的力量、角度都会影响最终的作品效果。体验过的用户甚至能将自己的"虚拟雕刻"定制成实际产品。

之后，团队策划了一场名为"匠心新生"的展览，在展厅的中央，周师傅的经典木雕作品和3D虚拟模型并列展出，而一旁的互动屏幕让观众能亲手体验雕刻过程。

　　这场展览吸引了大量关注，社交媒体上关于"数字木雕"的话题迅速发酵，不少年轻人表示，这让他们第一次对"木雕"产生了好奇心。不少对此十分感兴趣的年轻人甚至前往周师傅的店里去拜访学习。

　　与此同时，团队还尝试将传统木雕融入日常生活。他们与一家家居品牌合作，开发了一系列以木雕元素为灵感的现代家具和装饰品。周师傅的"富贵花开"图案被印制在托盘和灯具上，销量出乎意料的好，这些产品的销售分成也为周师傅和阿晨的团队带来了可观的收入。

　　如今，周师傅的雕刻技艺不仅通过数字技术得以保存，也通过现代形式走进了更多人的生活。对于这群创业者来说，这不仅是一次文化保护的尝试，更是一次让传统技艺重获生命力的旅程。而这场关于文化与现代技术的对话，也让更多人看到了一种可能性：濒危的技艺，仍然可以活得精彩。

　　文化保护与内容再现这个创业方向，更适合那些对传统文化怀有热情，同时又具备创新能力和商业思维的创业者去尝试。它需要创业者对文化有深刻的理解，能够发现那些被忽视或濒临消失的文化瑰宝，比如传统手工艺、地方戏曲、古老建筑或民俗传说。

　　但仅仅有热情还不够，技术能力和策划能力也是关键。如果创业者能熟练使用影像制作、3D 建模、人工智能或虚拟现实等手段，将这些文化内容以现代化的形式重新呈现，就可以让它们更好地被年轻人接受和喜爱。

　　同时，具备市场嗅觉也很重要，他们懂得如何将文化与消费场景结合，比如设计文创产品、开发互动体验，甚至借助电商或社交媒体将这些内容推广到更广阔的市场，从而让自己获得收益。

　　像环保公益类的创业项目运作，也可以参考文化保护与内容再现的逻辑。因为两者的核心本质相通：它们都关注长远的社会价值，致力保护那些具有深远意义但容易被忽视的东西。

知识变现模式

人们常说："知识是无价的。"但今天，这句话正以一种全新的方式被解读。越来越多的人通过分享自己的知识与经验，将"无价"的知识转化为"有价"的收益。

从短视频中教人如何规划职业生涯，到线上课程中传授小语种学习技巧，再到社群里答疑解惑的育儿专家，知识不再是一个被动积累的静态资源，而是一种可以灵活创作、传播，并直接实现商业价值的工具。

这种趋势背后，是一种基于行业壁垒与特定需求形成的新型创业模式，也就是知识变现模式。它的逻辑并不复杂：知识创作者挖掘自身擅长的领域，通过网络平台，以灵活且有针对性的方式将内容传递给有需求的受众。

不同于传统教育机构的规模化教学，这种模式注重"小而精"，强调实用而非理论。创作者以独特的视角或专业能力切入某一细分领域，比如职场技能提升、家庭财务管理、健康生活方式等，精准服务那些迫切需要解决实际问题的用户。

值得注意的是，平台在这个过程中扮演了重要角色。社交媒体、知识付费平台，甚至直播电商，提供了从内容分发到交易变现的完整链条。算法推荐进一步提升了内容与需求匹配的效率，创作者可以直接接触到真正需要其知识的用户。而用户的互动与反馈，也反过来帮助创作者不断优化内容，提升价值。

下面是一些具体的创业实践可供参考：

▶ 线上系统课程输出

线上系统课程输出，简单来说，就是把自己擅长的知识、技能或者专业经验打包成一个完整的学习体系，通过网络分享给那些需要的人。

这里的"系统"是关键，创业者输出的课程不是零碎的，而是有条理、有逻辑，从入门到进阶层层递进，帮学员一步步掌握某个领域的核心内容。就像大学的专业课一样，不是教别人一些"点子"或"技巧"，而是给别人提供一整套从学到用的解决方案。

这种创业方式特别适合那些在某个领域有深厚积累，或者对某个技能特别擅长的人。比如，你是个摄影高手，可以设计一门"从入门到专业摄影师"的完整课程；如果你是职场老手，可以开一门"高效职场沟通全攻略"课程；甚至你在做家庭收纳上特别有心得，也能开个"打造高效居家空间的收纳全计划"的课程。关键是，课程必须有完整性，能让学员在学习后感到学有所成。

具体实践可以看一看阿琳的创业故事：

阿琳是朋友圈公认的"收纳达人"。她的家总是干净整洁，每件物品都有自己的专属位置，从厨房到卧室都井井有条。

起初，阿琳只是在短视频平台分享自己的家居环境，但随着越来越多人向她讨教收纳技巧，甚至提出愿意付费请她上门整理，她逐渐萌生了将收纳知识录制成线上课程的想法。

于是，阿琳着手策划自己的第一门系统课程——《高效居家收纳全攻略》。她花了一个月时间梳理课程框架，从基础的收纳理念到空间规划技巧，再到具体场景（如衣柜、厨房、儿童房）的实操方法。

在课程内容设计上，阿琳设置了五个模块，每个模块包含视频课程、实操练习和测试。为了增加吸引力，她还加入了一个"最终挑战"——学员需提交一个完成的收纳案例，由她点评并颁发结业证书。

此外，阿琳与一家家居品牌达成了赞助协议，课程中推荐的收纳工具全部由该品牌提供，品牌方按照工具销售额的一定比例支付佣金。

课程录制完成后，阿琳将其上传到短视频平台上，在自己发布的短视频中附上购买链接。平台提供技术支持和流量分发，她只需要专注于课程内容制作，收入按照模式分成。

课程上线前，阿琳录制了一段 3 分钟的课程预告短视频，展示收纳前后的强烈对比效果，并通过社交媒体推广。这段视频迅速在社交媒体上传播，甚至被平台首页推荐。

课程上线首周，售价为 199 元，推出了限时优惠价 99 元，吸引了第一批种子用户。学员反馈热烈，纷纷在社交媒体分享自己的学习成果，进一步为课程带来口碑流量。

随着课程的热销，阿琳加入了平台的"内容合伙人"计划，通过她的推荐链接，其他有兴趣创作课程的人加入平台后，她能从这些创作者的收入中获得佣金。

短短一年，阿琳从一位普通的收纳达人，转型为一个成功的课程创业者。

从阿琳的故事中不难发现，线上系统课程输出并不复杂。创业者首先需要梳理出一个清晰的课程框架，从基础知识、核心技能到实际应用，按照循序渐进的顺序设计内容。每节课的目标要明确，比如"掌握某个概念"或者"能完成某个任务"。

接下来就是录制课程，创业者可以用简单的工具，比如一部手机加个话筒，再加上 PPT 配合。录制好的课程可以上传到知识付费平台，或者放在自己的社交媒体或者推广渠道里，等人购买就好了。

当然，学员可能不会自己主动选购，因此推广这部分很重要。创业者需要找到对课程感兴趣的目标人群，通过短视频、图文等方式展示课程亮点，或者用免费的公开课吸引人体验，再引导他们购买完整的系统课程。

线上系统课程输出的最大好处在于，它不仅是一次性的，而且是可以持续带来收益的。课程录制完成后，创业者可以不断优化和迭代，甚至可以通过学员的反馈设计高级版本，比如分成初级、中级、高级几个阶段，每个阶段定一个合理的价格，或者推出打包套餐，这样用户可以根据自己的需求选择购买。还可以拓展其他相关课程，形成自己的课程矩阵。

说到底，这是一种用系统化内容把知识变现的创业方式，只要用心打磨内容，满足学员需求，就可能发展成为一条既稳定又能不断成长的路。

▶ 短视频科普

　　短视频科普，是一种用简短、有趣的方式，把复杂的知识讲清楚，让人愿意看、看得懂的一种知识变现项目。

　　跟线上系统课程那种完整、深入、需要系统学习的模式不同，短视频科普更像是知识的简化版，没有特别严肃的学习氛围，更多的是用三五分钟的时间告诉观众一个有趣的小知识点，或者解决一个具体的小问题。重点是抓住观众的兴趣，用最短的时间让他们有"原来是这样"的感觉。

　　做短视频科普，创业者需要找到一个细分领域，比如历史冷知识、职场小技巧、心理学常识，甚至是生活中的小妙招。然后，通过有趣的内容形式将其录制成短视频。录制背景也不需要专业的大场景，一个清晰的讲解、一块白板或者几个简单的道具就够了。接着，把视频发布到抖音、快手、小红书或者 B 站这些平台，通过不断更新吸引粉丝。

　　短视频科普的变现方式十分灵活。创业者可以通过平台的流量分成赚钱，也可以接品牌合作，比如在科普视频里推荐相关的产品或者服务。

　　来看看阿冉是怎么做的：

　　　　阿冉是一名普通的职场白领，某天她在玩手机的时候，刷到一条短视频，视频里用一个简单的小实验解释了"为什么有的人喜欢拖延"。她心里一动：这样的知识，谁不想多知道点呢？

　　　　虽然没有心理学专业背景，但阿冉对心理学一直很感兴趣，喜欢看心理学书籍，也常常查一些权威网站了解相关理论。她开始琢磨，能不能自己也做这样的短视频？

　　　　第一步并没有想象中难。阿冉从最简单的选题入手，决定制作一条关于"为什么我们总是记不住别人的名字"的视频。她查阅了几篇心理学科普文章，并用最通俗的语言归纳出几个核心点，比如"大脑对信息的分类机制"和"环境干扰对记忆的影响"。为了让内容更生动，她还加了一些自己的例子，比如如何因为记错客户名字而闹了笑话。

　　　　准备好内容后，阿冉用手机录了一段一分钟的讲解，背景就是自己家客厅的书架。录完后，她又用 AI 工具简单剪辑了一下，添加了一些字幕和动效，就上传到短视频平台，并给它起了一个吸引人的标题：别人的名字总记不住？真不是你的错！

让阿冉没想到的是，这条视频在半天内就收获了几千次播放，还有很多评论和点赞。有人留言说："原来是这个原因，长知识了！"也有人建议："能不能再多讲一点，比如怎么改善记忆？"这些反馈给了她极大的鼓励。

于是，她决定定期更新更多短视频，主题围绕"心理学在生活中的小应用"。她用 30 秒的视频讲清楚"为什么我们总喜欢刷手机"，用 1 分钟解读"表情管理的心理学秘密"，甚至还用过一个气球实验演示"压力释放的原理"。每一条视频都简短、直白，有些还带着点幽默，很快吸引了越来越多的粉丝。

尽管表面看似简单，但每一条视频的背后，阿冉都付出了不少努力。选题是关键，为了保持内容的新鲜感和趣味性，她会经常关注心理学的热点话题，比如"内向者的社交技巧"或者"如何提高专注力"。她还习惯性地去翻阅知名心理学家的书籍，确保内容的准确性。

拍摄和剪辑也在不断优化。起初，视频只有她单调的讲述，随着粉丝数量的增加，她学会加入一些简单的道具或演示场景，让内容更生动。同时，她还给每条视频加上了统一的片头和背景音乐，打造了一个专属的"个人风格"。

粉丝达到 10 万后，阿冉开始尝试变现。最早的一次是接受了一家在线教育平台的合作邀请，他们希望她在短视频里推荐自己的心理学课程。阿冉精心挑选了相关主题，在视频中自然地插入推荐语，取得了不错的效果。后来，她还接到了几单心理健康产品的品牌广告合作。

短短一年时间，阿冉从一个对心理学感兴趣的普通人，变成了一个拥有 30 万粉丝的短视频科普创业者。现在，阿冉正计划推出自己的第一本心理学科普书籍，希望用更加系统化的方式，将自己短视频中的知识整理出来，影响更多的人。

阿冉的经验告诉我们，做短视频科普的门槛其实很低，不需要高深的学术背景，也不需要发表什么高深理论，只需要懂得如何找到靠谱的知识来源，用生动的语言把这些枯燥的知识转换成普通人看得懂的内容即可。

阿冉通过选对主题、打磨内容，配合轻松的表达和创意的表现形式，让观众轻松观看不费力，看完还能带走一两个小知识点，哪怕是毫无负担地一笑而过，也算达到了科普的目的。这才是短视频科普成功的核心所在。

▶ 垂直领域社群

　　垂直领域社群，其实是围绕特定的职业、生活需求或成长目标，把有相似需求的人聚集在一起，通过提供高质量的服务、资源和交流机会，帮助他们解决实际问题或者实现个人提升。

　　这与之前介绍过的兴趣社区内容孵化有本质的区别。加入垂直领域社群的成员，并不一定是因为热爱该领域，大概率只是因为需要。可能是职业发展的需要，比如产品经理、程序员希望掌握更专业的技能；也可能是生活中的实际需求，比如新手爸妈寻求科学育儿方法，或者投资者需要可靠的市场分析。这些需求往往具有阶段性，一旦问题解决或目标达成，成员可能会自然流失。

　　这种社群的运作核心，是精准满足用户的需求。比如，一个面向职场新人的职业发展社群，可能会提供简历优化、面试技巧培训等实用课程；而一个育儿社群，则可能邀请儿科医生开直播答疑，或者提供月龄成长方案的详细指导。无论是内容还是活动，都要以"解决问题"为导向，而不是为了满足长期的兴趣爱好。

　　在变现模式上，垂直领域社群通常通过会员制收费，按照月费或年费的形式提供持续服务。同时，很多社群还会设计增值服务，比如提供一对一的职业咨询、高级课程，或者与企业合作进行资源推荐。对学员来说，这些服务的价值非常直观，只要解决了他们的实际问题，费用就能被认可。

　　晓晓就是一位该领域的创业者：

　　　　晓晓刚开始工作时因为缺乏经验，常常因为写不好邮件、准备不足的面试而受挫。那时候，晓晓经常在几个职场论坛和社交平台上浏览，与很多新人一起讨论类似的问题，比如如何准备面试、如何与上司有效沟通，甚至是如何谈加薪。

　　　　后来，讨论得多了，几个比较相熟的网友一起创建了一个群，方便大家沟通。一开始，这个群只是个小圈子，大家会在里面吐槽工作上的小烦恼，互相出主意。比如，有人遇到领导突然布置的紧急任务，群里马上有人分享了"拆解任务优先级"的方法；还有人刚跳槽，对新公司的加班文化感到压力巨大，其他人就会安慰他，甚至帮忙分析怎么合理表达自己的想法。慢慢地，这个群的氛围不仅活跃，还开始变得有点专业味道。

晓晓发现，大家的需求远不止闲聊，很多时候是想找到具体问题的答案或者实用的方法。这种讨论其实很有价值，如果能进一步组织和系统化，或许能帮助更多像他们这样的职场新人。

于是，晓晓开始尝试主动策划一些内容，她整理了一些求职模板、面试问题清单，还有工作邮件的标准格式，分享到群里。这些东西马上就受到了热烈的欢迎，甚至有成员表示"早知道有这些资料，当年我就不至于在参加小组领导面试的时候全程不知道说什么了！"

慢慢地，群里的成员也开始变多，她跟群里的几个活跃成员商量，决定把这个小圈子升级成一个更正式的职场成长社群。他们给它起了个名字，叫"职场加速营"，目标是为职场新人提供从求职到入职再到成长的一站式支持。

为了让社群更有组织性，晓晓设计了几个模块。比如每周一分享一个职场技能，内容包括"如何高效整理会议纪要""与领导对话的三种技巧"等；每月举办一次线上讲座，请一些经验丰富的职场人分享他们的心得；还有一个实用资源库，专门放求职模板、优秀简历范例和加分的工作总结格式。她还专门开设了一个"新人提问时间"，群里的成员可以匿名提出自己的疑惑，然后集思广益给出建议。

慢慢地，这个社群在圈子里出了名，但因为群人数限制，导致不少人加不进来。而一些已经是职场老手的成员也不再活跃。晓晓看到了社群的价值，也希望这个她付出了无数时间和精力的社群越来越好。

后来，在与当初的几个社群创始人协商一致后，晓晓正式成为社群的运营者。晓晓上任后，看准时机引入了会员制，收取少量费用，提供更高质量的内容和服务，比如一对一求职指导、独家的行业分享和小型线下见面会。她还邀请了一些职场前辈加入社群，作为导师定期为成员提供专业建议。

这一调整果然效果显著，收费会员人数虽然没有免费时期多，但大家的参与感和认可度更高了。晓晓的"职场加速营"逐渐形成了自己的口碑，甚至有不少人推荐自己的朋友加入。后来，她还和一些招聘平台合作，为社群成员提供内推机会，同时从平台获取一定的服务佣金。

晓晓很清楚，职场新人的需求是有阶段性的。当他们掌握了基础技能或找到了满意的工作后，可能会逐渐淡出社群。为了延长用户的生命周期，他不断扩展服务范围，比如针对已经进入职场两三年的会员推出"进阶管理课程"，帮助他们向初级管理岗位过渡。此外，他还设置了"分享激励机制"，邀请那些成功实现职业转型的老会员回到社群，向新成员分享经验。这不仅增加了社群的内容多样性，也让老会员继续保有参与感。

如今，"职场加速营"已经从一个小型社群逐渐发展成一个专注职场成长的服务品牌。晓晓也有了自己的团队，成长为一位专业的社群运营管理者。

晓晓的经历充分说明了垂直领域社群的核心逻辑：精准定位用户需求，通过实用内容和优质服务解决实际问题，从而形成持续的价值输出。

不过，这种模式也需要运营者具备强大的资源整合能力和专业洞察力。因为学员的需求是动态的，一旦社群的内容或服务跟不上他们的期待，用户流失的速度可能会很快。

所以，垂直领域社群的核心挑战，是持续精准地捕捉用户需求，并以高效的服务和实用的内容满足他们。它不是一个围绕兴趣的长期陪伴，而是一个为解决问题而存在的高效工具。只要能不断提供价值，这样的社群就能在短期内实现高转化，也能通过不断调整内容和服务，吸引新的目标用户。

▶ 专业咨询服务

"房子买了，但开发商迟迟不交房，这种情况我可以维权吗？"

"可以的，根据相关法律，您可以主张违约赔偿，但细节还需要看当初的购房合同……"

以上内容是某知名律师在一场直播中的部分回答片段，短短一小时内，一个律师就接通了二十多个电话，为他们简单提供了免费的法律咨询服务。

这样的场景在 AI 时代越来越常见。专业咨询不再局限于传统的律师事务所、心理诊所或者公司会议室，而是通过直播、社交媒体、即时通信等新形式，走进越来越多普通人的日常生活。

不同于传统的预约、见面咨询，如今的专业咨询更加灵活、低门槛，形式也更加多样。比如，律师通过直播间回答观众提问，心理咨询师在微信上提供一对一实时沟通，育儿师通过视频教新手爸妈如何处理孩子的护理问题。这种即时性和碎片化的咨询方式，为专业服务的提供者和消费者都带来了全新的体验。

从创业的角度看，专业咨询服务方式的改变带来了更多机会。过去，专业咨询强调的是"权威"和"正式"，只有少数人愿意为高门槛的服务付费。而现在，通过短视频平台、社交软件，或者专门的咨询平台，咨询师可以通过低成本的内容输出吸引潜在客户，比如普法视频、心理健康小课堂、职业规划技巧分享等。然后在评论区回答问题，引流线下咨询。这种方式降低了咨询的接触门槛，也让更多人意识到，原来专业问题也可以"随时问、随地答"。

一起来看个例子：

阿帆是一名律师，从业多年，她发现很多普通人对法律问题的了解非常有限，但真正走进律所咨询的又寥寥无几。大家更习惯在网上找答案，却往往因为信息繁杂、不专业而得不到实际帮助。

阿帆希望能把专业法律服务带到普通人的生活中。于是，她在短视频平台注册了账号，开始尝试普法直播。

阿帆第一次直播的主题很简单："房屋买卖中的那些坑"。选这个话题是因为她在律所工作时，接触过大量因购房合同问题引发的纠纷案例，深知这是许多人关心却又搞不清楚的问题。

直播开始后，阿帆用了十分钟拆解几个常见的问题，比如"定金"和"订金"的区别、如何确认开发商的交房时间等。之后，她打开互动功能，鼓励观众提问，开始的时候，直播间只有几个人，每个人的提问，阿帆都一一进行了解答。

第一次尝试结束后，阿帆心中还是有满足感的，之后的时间，她开始坚持每周固定直播两次。渐渐地，直播间在线人数从几个人涨到几十人，问题也从"开发商违约了怎么办"到"中介乱收费怎么维权"，五花八门。

阿帆发现，这样的形式不仅能让观众快速了解问题，还能让她通过互动建立起自己的专业形象。直播过程中，她顺势引导观众关注自己的账号，并提到，如果有更复杂的问题，可以私信咨询。

很快，阿帆的私信收到了大量提问，有些简单的问题，她直接回复解决，但也有许多复杂的问题，比如客户需要合同审查、个案分析，甚至有人希望她提供诉讼代理服务。

为了更高效地处理这些需求，她设计了一个付费服务体系，将常见问题分成了几个咨询等级。比如，针对简单的合同问题，提供线上合同审查；对于复杂的个案咨询，则按小时收费，客户可以通过微信或视频通话直接和她讨论具体情况。至于需要更深入服务的，比如诉讼代理，阿帆会详细评估后给出报价，并签订服务协议。

为了更规范化，她还在自己的微信公众号上添加了一个"法律服务预约"功能，客户可以直接通过小程序选择服务类型和时间段。这不仅提高了工作效率，也让客户体验更加流畅。

一年后，阿帆的直播粉丝突破了 10 万，咨询的客户数量也显著增长。她发现，自己的时间已经难以满足所有需求。于是，她联系了几位同样有意从传统律所中跳出来的同行，组建了一个小团队。她负责直播和前端客户咨询，团队成员则负责后续的具体服务，比如合同起草、案件梳理。

与此同时，她还尝试了新的服务形式，比如推出了一套"购房法律指南"电子书，把直播中提到的购房常见问题整理成一份通俗易懂的文档，售价 39 元。这种产品不仅为她的服务吸引了更多流量，也成了转化高付费客户的重要入口。

如今，阿帆的"法律直播＋咨询服务"已经成为一个小有规模的创业项目，她和团队每月能服务几十位客户，收入也远超她在律所的工作时期。但对她来说，最大的成就感并不只是收入的增长，而是通过直播和咨询，把看似遥远的法律问题带到了普通人的生活中，让他们知道自己的权益该如何维护。

阿帆的故事告诉我们，如今的专业咨询服务并不仅仅是形式的改变，更是一种思维方式的转变。她通过直播和社交媒体，把法律问题拆解成普通人听得懂、用得上的内容，用最低的门槛吸引了大量用户。随后又通过分层服务和个性化支持，把基础需求转化为深度付费咨询。

这种方式打破了传统咨询"高门槛、低触达"的局限，也让我们看到，专业咨询可以变得更加贴近用户的实际生活。

在该模式下，信任的建立尤为重要。阿帆通过持续的内容输出和直接互动，逐渐在用户中建立起专业的形象。这种基于个人品牌的信任，让她能够从基础咨询过渡到高附加值的服务。用户愿意付费，不仅是因为她的专业能力，更是因为她的方式简单、快捷，问题解决得清楚明白。

未来，这种形式的服务还有很多可以拓展的方向。从健康管理到投资理财，从职业辅导到教育指导，只要创业者能够精准抓住用户的痛点，用合适的工具和灵活的形式传递专业价值，专业咨询服务或许可以迎来新的发展赛道，成为前景广阔的创业模式。

AI 营销与业务推广：超级个体的市场攻防

创业的人都明白，成功不仅在于打造出好的产品，更在于能否让市场真正认同它的价值。这离不开营销的助力。即使产品工艺穷极心思，设计巧夺天工，若缺乏有效的营销，终究只能成为"曲高和寡"的孤赏之物。

然而，许多人将营销简单理解为制造噱头和吸引目光，这种看法过于片面。噱头固然能带来短暂的关注，却难以形成持久的信任与价值。真正优秀的营销，不在于一时的热闹，而在于能够持续影响市场和消费者的选择。它的核心在于洞察需求、创造共鸣，并通过每一次互动，让消费者不仅认可产品的价值，产生超越期待的满足感。这样的营销，才能让产品从被选择走向被信赖，最终成为消费者生活中不可或缺的一部分。

客户画像与行为洞察

"甲之蜜糖，乙之砒霜。"市场上没有能满足所有人需求的万能产品，只有刚好契合特定人群需求的合适产品。因此，很多时候，创业失败并不是因为产品不够好，而是因为它没能找到合适的买家。

创业者要想精准识别自己的"甲"是哪一类群体，并找到最快的触达方式，客户画像与行为洞察无疑是最有效的方式。也就是通过数据和分析，把模糊的市场变得可视化和可理解，让创业者不再用"感觉"去做决策，而是基于真实的客户需求和行为，精准制定产品推广和服务策略。

▶ 如何构建客户画像

客户画像主要回答的是"谁是我的客户"，明确目标群体的基本特征及偏好，包括年龄、性别、收入、职业、生活习惯、兴趣爱好和消费能力等信息，帮助创业者从茫茫市场中找到"最匹配"的客户群体。

要构建有效的客户画像，创业者需要从三个方面入手：明确目标、收集数据、整合与细分。

❶ 明确目标

客户画像并不是简单搜集客户信息，而是为了解决具体问题而构建的工具。创业者首先需要弄清楚画像的目的，是为了了解核心消费群体，优化产品设计，还是制定更有针对性的营销方案。目标清晰，画像才更有针对性。

比如，一家以功能性饮品为主的公司，如果目标是吸引健身人群，他们的客户画像需要关注健身人群的年龄分布、训练频次以及对饮品成分的偏好；而如果目标是吸引普通消费者，画像重点则可能转向口感和价格敏感性。只有明确了画像的应用场景，才能为后续数据收集提供清晰的框架。

❷ 收集数据

要建立客户画像，创业者需要尽可能全面地收集目标群体的相关信息。

这些数据，按照来源可以分为第一方数据和第三方数据。

第一方数据来自企业与客户的直接互动，包括会员信息、购买记录、售后反馈等。这些数据直观反映了已有客户的基本特征和需求。

第三方数据是指通过公开渠道获取的更广泛的市场数据，如行业研究报告、社交媒体趋势等，帮助补充潜在客户的整体概况。

按照数据种类，可以分为基础信息数据以及兴趣和偏好数据。

基础信息数据包括客户的年龄、性别、职业、收入等，帮助明确目标客户的群体范围。

兴趣和偏好数据一般通过调查问卷、社交媒体互动、活动报名等方式获得，用于了解客户的生活习惯和兴趣领域。

例如，一家书籍电商平台通过会员购买记录发现，30到40岁的用户倾向于购买职场管理书籍，而年轻用户更偏好小说类书籍。这样的信息对于精准选品和推荐至关重要。

❸ 整合与细分

数据的核心价值在于整合后的细分。通过对收集的数据进行分类和分析，创业者可以将客户分为多个子群体，每个群体代表一类具有相似特征的消费者。创业者可以按照不同的维度对客户进行分类，如年龄段、购买力、兴趣领域等，根据每类群体的特征制定专属的营销策略。

如果在细分客户方面遇到困难，可以寻求 AI 工具的辅助。

举个例子，假设某奶茶店通过收集门店和线上订单数据，获得以下信息，如表 5-1 所示。

表 5-1 某奶茶店部分订单信息

客户 ID	年龄	月消费金额 / 元	常购商品	评价关键词	偏好点单时间
A001	23	120	促销套餐	便宜、划算	14:00
A002	35	300	手工现泡奶茶	品质好、茶香浓郁	18:00
A003	27	200	限量版联名款	好看、值得分享	16:00
A004	30	400	纯茶饮健康系列	有机、低糖、天然	10:00
A005	21	100	学生优惠饮品	划算、实惠	15:00

奶茶店希望细分客户群体并制定精准营销策略，咨询 AI 工具后，得到以下结果（图 5-1）。

客户群体细分及营销策略

(1) **价格敏感型客户**（A001、A005）

　　策略：推出"下午茶特惠"活动，14:00-16:00限时促销，主打折扣套餐（如满20减5）；智能推荐学生套餐组合，提升消费额。

(2) **品质至上型客户**（A002、A004）

　　策略：设置"健康饮品品鉴日"，宣传手工现泡与有机低糖系列；推送专属会员折扣，强化高端客户忠诚度。

(3) **社交分享型客户**（A003）

　　策略：定期上线限量联名款，突出独特包装设计；举办"拍照打卡赢好礼"活动，吸引线上分享，提高品牌热度。

通过分群精准营销，提升客户粘性与复购率。

图 5-1 利用 ChatGPT 细分客户群体

这样，即使不具备数据分析经验的创业者，也可以在短时间内借助 AI 工具快速完成客户群体的精准细分，找到最适合的营销切入点。

▶ 如何开展行为洞察

行为洞察的核心在于理解客户的决策过程和消费动机，关注"客户为什么会选择我"，以及"他们是如何接触、购买和使用产品的"。通过分析客户在购买路径上的具体行为和心理反应，创业者可以优化用户体验，提升转化率。

以下是开展行为洞察的具体方法：

❶ 还原完整的购买过程

行为洞察从客户初次接触品牌开始，到最终购买结束。每个环节的行为数据都可以揭示客户的心理活动和决策逻辑。

接触环节：客户是通过什么渠道认识品牌的？是广告、朋友推荐，还是社交媒体？了解这一环节有助于发现营销资源的最佳投放点。

浏览环节：客户在浏览时的停留时长、点击次数和页面顺序可以反映他们对哪些产品或信息更感兴趣。

购买环节：观察购买行为，例如购买频率、偏好商品和促销响应，可以帮助识别高价值行为。

举个例子，某家具电商通过追踪客户的购买过程发现，大多数客户在浏览沙发类商品时，都会顺便查看配套茶几的页面。于是，他们在沙发页面增加"组合推荐"功能，迅速提升了客单价。

❷ 挖掘决策背后的动机

行为数据本身只是一串数字，但其背后的心理动机才是关键。通过分析客户的具体行为，可以发现他们的核心需求和关注点。

频率与习惯：高频购买可能代表刚需或高满意度，而长时间未复购可能预示着体验问题或需求变化。

犹豫与放弃：如果客户频繁将商品加入购物车却不下单，可能是价格、物流或信任问题造成的障碍。

偏好与反馈：哪些产品更受欢迎？客户对产品或服务的评价反映了哪些改进方向？

对此进行分析解读时，可以利用 AI 工具来辅助。

举个例子，假设以下是某电商平台用户购物车的相关数据统计结果：

1. 购物车中商品类型分布：

高价商品（单价≥1000 元）：70%

折扣商品（打折力度≥20%）：20%

低价常规商品（单价≤100 元）：10%

2. 未支付订单分布：

总订单未支付比例：45%

高价商品购物车未支付比例：65%

折扣商品购物车未支付比例：20%

低价商品购物车未支付比例：15%

3. 客户页面停留时长（结算页面）：

支付完成客户：平均停留时间 45 秒

未支付客户：平均停留时间 15 秒

客户评价数据（关键词提取）

4. 提及关键词频率：

"运费贵"：约 30% 的评价提到

"结算步骤复杂"：约 25% 的评价提到

"优惠信息不明确"：约 20% 的评价提到

"支付方式选择少"：约 15% 的评价提到

5. 活动效果数据

促销活动期间购物车行为：

在促销期间（折扣 ≥ 30%），购物车转化率提升 15%。

满额包邮活动期间，购买包含高价商品的订单占比增长 20%。

　　单看这些数据可能无法得到直观的结论，但借助 AI 工具即可进行客户行为分析，深入挖掘客户购物车放弃的原因和客户行为背后的动机，如图 5-2 所示。

购物车放弃原因及动机分析

核心原因

（1）高价商品决策成本高

占比70%的高价商品未支付率达65%，表明价格和价值认知是关键障碍。消费者可能在等待折扣或对附加权益期望更高。

（2）优惠力度不足

折扣商品占比仅20%，促销活动（≥30%折扣）能显著提升购物车转化率（+15%），显示现有折扣吸引力有限。

（3）运费阻碍低价商品支付

运费问题（30%评价提到）影响低价商品（单价≤100元），即使未支付率较低（15%），仍对总转化率构成压力。

（4）结算体验问题

未支付客户停留时间仅15秒，且"结算步骤复杂"（25%）和"支付方式选择少"（15%）影响支付意愿。

深层动机

（1）高价商品被当作"收藏"工具，消费者倾向等待更多折扣或促销。

（2）促销活动培养了"非折扣不买"的消费预期。

（3）不佳的购物体验（运费、结算复杂）降低转化率。

图 5-2 利用 ChatGPT 简单分析客户行为

如果想要更加深入的结果，还可以继续给出指令，让 AI 工具展开数据分析。

❸ 增强转化与满意度

行为洞察的价值在于指导行动，通过调整关键环节，提升客户体验和转化效果。以下是一些常见的优化策略：

▶缩短决策时间：很多客户犹豫的原因往往在于信息不足或选择过多。可以通过优化页面内容，让客户迅速获得信心。比如，在商品详情页面增加真实客户评价或使用案例，帮助客户快速判断商品是否符合需求。对于高价商品，也可以添加详细的对比信息或分期付款计算器，降低决策难度。

▶增强信任感：放弃订单的客户可能是担心售后问题。通过强化信任建设，可以直接击中这一痛点。例如，可以在结算页面显著展示无理由退换货政策或延长售后服务承诺，消除疑虑。或者提供在线客服实时支持，解决客户在决策关键时刻的任何疑问。

▶引导复购行为：购物行为完成后，并不意味着用户关系的结束。通过主动引导可以延长客户生命周期。比如，在购买完成页面推送相关产品的智能推荐，如"与您购买商品搭配最佳的商品"。也可以定向发送优惠券或会员专属折扣，利用新鲜的购买热情推动二次消费。

从根本上看，这些策略的核心在于建立流畅而充满信任的消费体验链条。从减少犹豫，到消除障碍，再到引导后续消费，每一步都帮助客户感到安心、被理解，进而愿意持续选择这个平台。

当然，如果遇事不决，也可以从 AI 工具中获取一些灵感，比如之前图 5-2 中遇到的问题，可以继续向 AI 工具询问如何针对性进行优化，如图 5-3 所示。

优化方案：

（1）动态折扣优先提示：在结算页面突出显示优惠后的最终价格和"已节省金额"，并设置限时折扣倒计时（如"优惠5分钟后结束"），提升紧迫感。

(2) 分期与分解支付选项：对高价商品，优先展示分期付款或延后支付功能（如"首付¥500即可购买"），降低决策门槛。

(3) 运费透明与凑单推荐：针对低价商品，清晰展示运费占比，并动态推荐差额凑单商品（如"再买¥30即可包邮"），提高订单价值。

(4) 结算页面简化流程：优化为"一键支付"模式，预填用户信息并缩减支付步骤，减少因复杂流程放弃订单的可能性。

(5) 支付方式多样化：支持更多支付方式（如本地钱包、跨境支付等），并智能记忆用户偏好，默认推荐常用支付方式。

(6) 后续消费激励：订单完成后即刻推送定向优惠券或推荐相关商品（如"买一赠一"），增加复购可能性。

图 5-3 询问 ChatGPT 优化策略

❹ 发掘隐性需求

行为洞察不仅是解读显性数据，更在于发现潜在需求和痛点。这些隐性需求往往能带来突破性的市场机会。

在实践方面，创业者需要从客户未完成订单或浏览偏好中，发现产品线或服务中的空白点，通过分析相似客户的行为模式，预测客户可能的下一步需求，提前布局。当然，如果比较困难，或者缺少相关方面的人才，也可以求助 AI 工具。

DTC 品牌推广渠道

DTC（Direct-to-Consumer），即"直接面向消费者"的品牌推广模式，是近年来越来越多品牌采用的一种策略。这种模式的核心在于绕过传统分销渠道，直接与消费者建立联系，从而实现高效传播、成本优化和用户深度互动。

开展 DTC 品牌推广有很多种方式，创业者可根据自身发展阶段，或者品牌定位来选择最适合的策略。以下是几种常见且有效的 DTC 推广方式：

▶ 利用社交媒体平台建立直接连接

社交媒体平台是 DTC 品牌推广的主战场，为品牌提供了直接与消费者互动的机会。通过平台上的内容分享、创意短视频、直播等形式，品牌不仅可以吸引注意力，还能与客户建立情感连接。

❶ 短视频营销

短视频的优势是在极短的时间内抓住消费者的注意力。然而，要在有限的时间里传递产品信息、打动观众，并留下深刻印象，可不是一件容易的事。因此，品牌方在策划短视频时，首要挑战是明确重点：到底想让观众记住什么？是产品功能，还是品牌调性？是解决痛点，还是带来美好的联想？一旦目标明确，接下来的任务就是用最简单直观的方式把它呈现出来。

通常来说，短视频会围绕一个核心主题展开，比如"问题—解决方案"或"使用前后对比"，以最快的速度抓住观众的注意力。这种主题设计能够直击消费者的需求点，用简洁的画面讲述一个完整的故事。

举个例子，某运动饮料品牌希望借助短视频推广其主打产品——一款快速补充能量的功能性饮料。他们的目标群体是 18 至 30 岁的健身爱好者。

制作完成的短视频从运动场景切入，画面中是一位男士刚刚完成了一次高强度冲刺，镜头捕捉到他额头的汗珠滑落，双手撑膝喘息不已。随后，画面快速切换到他打开运动饮料瓶盖、畅饮的动作，鲜明的液体流动特写和舒缓的呼吸声营造了产品的即时解渴效果。紧接着，镜头切换到他重新站起、再次开始冲刺的画面，配以字幕："即刻充能，冲向下一公里。"整个视频用时 15 秒，直观展示了产品的功能和使用场景。

这条视频发布在短视频平台，并通过数据分析定位到热衷运动的用户群体，放在他们的首页广告处，吸引了大量目标用户的观看。

❷ 产品演示直播

产品演示直播是一种通过实时视频向观众展示产品功能、使用方法和优势的营销方式，让品牌有机会直面观众，并及时答疑解惑。

很多时候，观众的问题是共性的，比如"这个产品适合哪些人使用？""清洁起来麻烦吗？"都是大多数潜在消费者关注的点，主播可以通过当场演示或者详细讲解，快速消除疑虑。共性问题的解答不仅能提升直播的效率，还能让更多观众觉得自己的需求被照顾到了。

与此同时，也有观众提出的问题非常具体，比如"这款健身器材适合肩部力量不足的人吗？""我家只有电磁炉，这个锅可以用吗？"这些小众问题虽然覆盖面较小，但针对性的解答往往能够打动此类观众，甚至为品牌积累更多真实的使用反馈。

如果想要为某场直播设计更详细的方案，包括具体的环节设计和话术，现在的 AI 工具完全可以胜任这样的任务。

举个例子，某品牌计划通过直播推广一款便携榨汁机，不知道如何写直播脚本，可以向 AI 工具提问，如图 5-4 所示。

我公司计划通过直播推广一款便携榨汁机，名称叫"彩虹榨汁机"，榨汁机为彩虹外观，充电款，十分方便携带，随时随地榨汁，请写一份直播脚本。

彩虹榨汁机直播脚本

(1) 开场

主播形象设定：元气十足、热爱健康生活的达人。

台词：

"大家好呀！欢迎来到今天的直播间，我是你们的健康生活小助手，XXX！今天我带来了一款超级特别的好物，名字叫'彩虹榨汁机'。这款小家伙不仅颜值爆表，还能随时随地为你榨出鲜美果汁。它真的太适合现代人的生活了！你们是不是很好奇它有多厉害？先来给你们看一下它的真面目！"

动作：从盒子中拿出彩虹榨汁机，展示外观，转动展示360°彩虹设计。

(2) 产品外观展示

台词：

"你们看，它的设计是不是超级吸睛？彩虹渐变的配色，高级又清新。重点是它体积小巧，重量只有X克，随手一放就能轻松带走。不管是上班通勤，还是周末郊游，背包里一塞完全没有压力！这么漂亮的榨汁机，你们想不想拥有？"

图 5-4 ChatGPT 生成直播脚本部分展示

此处因篇幅有限，无法将 AI 工具生成的完整脚本展示出来，后面还有功能和性能展示、使用场景代入、优惠与互动、结尾引导这些板块的台词和动作，形成了一个完整的直播框架。

而关于直播间的搭建和背景搭配、互动环节的提问方式、观众提问时的回应话术等内容，也是可以让 AI 工具给出建议的。这种技术支持对于希望提升直播效果的品牌来说，是非常实用的。

❸ 与相关视频号博主合作推广

与视频号博主合作推广是指借助内容创作者的影响力，向目标受众传递产品信息的营销方式。

大家通常会对喜爱的博主抱有较高的关注度和认同感，因此，博主以个人的视角和风格向观众展示产品，通过真实的体验和使用场景，拉近品牌与消费者之间的距离，会比品牌自己去宣传更容易引发观众的兴趣和共鸣。

品牌方选择博主时，关键是找到与目标人群契合度高的内容创作者。并不是粉丝越多的博主效果越好，而是博主的受众是否与品牌定位一致。例如，推广健身类产品时，与专注运动、健康生活方式的博主合作，显然比选择一位美妆博主更能触达精准人群。

合作的形式可以是多样的。最常见的是产品试用评测。品牌将产品寄给博主，由他们在视频中体验并分享真实感受。另一种形式是植入式推广，将产品融入博主的日常内容中，比如一位旅行博主在旅途中使用某品牌的背包，无须刻意宣传，却能自然吸引观众关注。此外，还可以设计主题活动，比如"带上××产品去旅行"，通过博主发起挑战，引导观众参与，进一步扩大传播范围。

▶ 创建品牌官网实现自主销售

在电商发展如火如荼的今天，大多数消费者已经习惯了在第三方平台上购物。琳琅满目的商品、复杂的算法推荐、层出不穷的促销活动，似乎让购物变得无比便捷。但对于品牌方来说，情况却并非如此。

平台的规则往往倾向于大品牌或热销商品，新兴品牌要想获得曝光，需要付出高额的流量费用。与此同时，品牌的展示空间也被压缩到一个标准化的商品详情页，想传递更深层次的价值观或故事无从下手。

更让人头疼的是数据问题。在平台上，流量是租来的，数据也是平台的资产。一个新品牌即使吸引了大量消费者，也难以了解这些消费者的真正需求。没有数据的支持，产品迭代变得困难，营销决策也缺乏依据。对于那些希望打造长期价值的初创品牌而言，这样的局限性不亚于在迷雾中行走。

于是，创建品牌官网实现自主销售成了一种新的可能。在品牌官网上，品牌可以摆脱平台的限制，从页面设计到内容展示，完全由自己掌控。这不仅是一个直接销售商品的渠道，更是品牌与消费者建立深度连接的独立阵地。

举个例子，一个主打环保理念的服装品牌，在平台上可能只是一件件商品的图片和价格，但在品牌官网上，它可以讲述每件衣服的生产故事，展示环保材料的来源，甚至通过视频带消费者走进工厂，了解整个制作过程。消费者在官网上不仅是购物，还在参与品牌文化的塑造。这种沉浸式的体验，是第三方平台无法提供的。

当然，创建品牌官网并非一件轻而易举的事。而且创建完成后，如何吸引消费者来到官网并完成购买，也是每个创业品牌方需要面对的挑战。

以下内容可以作为创建品牌官网实现自主销售的策略参考：

❶ 多种选择让官网触达更灵活

如今，"官网"这个概念早已不局限于传统意义上的独立网站，小程序、手机应用程序，只要是品牌方可以独立运营的渠道，都可以成为"官网"的一部分。

一个初创品牌可以以独立网站为核心，搭配小程序作为社交平台的轻量入口，帮助消费者随时随地快速浏览和下单；而对于需要高频互动或提供个性化服务的品牌，则可以开发专属的手机应用程序，打造深度的消费者体验。

无论是哪种形式，统一的设计语言和消费者体验都至关重要。消费者需要在独立网站、小程序和手机应用程序中感受到品牌的一致性，从而增强对品牌的认同感和信任感。

❷ 打造极简而独特的消费者体验

消费者对品牌官网的第一印象至关重要。简洁、直观的页面布局，流畅的操作流程，配上方便的导航栏，可以让消费者在几秒钟内找到核心产品和重要信息。

整体观感按照品牌调性设计即可，比如，一个主打手工艺的品牌可以用温暖的配色和细腻的细节设计，突出品牌的温度感；而科技产品品牌则可以通过现代化的布局和动效传递专业和前卫的感觉。

❸ 讲述品牌故事

品牌故事讲述的重点不是"我们有多好"，而是让消费者在故事中看到自己想要的生活方式或价值观。好的内容不会让消费者觉得是在被说教，而是透过一段真实而动人的叙述，对品牌产生亲近感。这种从内容到情感再到忠诚的转变，正是品牌价值的深层次传递。

比如，一家手工制茶品牌可以通过短视频记录匠人采茶、制茶的过程，配合优美的图片和细腻的文字讲述茶叶背后的故事，让消费者在品尝茶香时也能感受到品牌的文化底蕴。这样的内容不仅让产品变得可感知，更让品牌本身变得有人情味，甚至成为消费者心中独一无二的记忆点。

❹ 提供个性化购物体验

当购物不再千篇一律，而是根据每个人的喜好、需求甚至习惯量身打造时，这个过程就会从单纯的消费行为，变成一次愉悦的交流。

比如，一个护肤品牌可以根据消费者填写的皮肤类型问卷，自动推荐最适合的产品组合，还贴心地附上了详细的使用小技巧和护理知识，会让人瞬间觉得自己拥有了一位专业护肤顾问。这种量身定制的购物体验为品牌赋予了更多的人性化价值。

❺ 官网独家优惠

不少消费者已经习惯了在第三方平台完成购物，要让他们从熟悉的路径中跳出来，最直接、最有效的方式就是提供官网独家的优惠。这种优惠并不仅仅是降价，而是要与官网体系连接在一起，吸引客户在这里复购。

例如，品牌可以在官网推出限量款的抢购活动，搭配只有在官网才能享受的会员积分或礼品兑换；让消费者参与官网消费者调研，领取品牌纪念品；为消费满一定金额的消费者，提供下次购买专属折扣。

无论优惠的形式如何，都离不开同一个目的，那就是让消费者逐渐形成一个印象：官网不仅让他们省钱，还让他们享受更多特别体验，在潜移默化中培养了消费者对官网的黏性。

❻ 订阅服务提升官网复购率

订阅服务是一种让消费者按周期购买产品或服务的模式。消费者只需在官方下单一次，就能按周、按月甚至按季度地持续收到品牌产品或享受服务，解决了重复购买的"麻烦"。

订阅服务更像是一种定制化的服务，一次次的送达，会让消费者逐渐习惯于这种按时的关怀，把品牌产品看作自己生活的一部分，从而在品牌方和消费者之间建立起一种长期的关系，让复购从偶然变成必然。

比如，某咖啡品牌推出一项订阅服务，消费者只需选择自己的口味偏好、配送频率，就能在每个工作日的早晨八点按时收到一杯咖啡。咖啡的包装袋里还会不定期附上一些小礼物。当消费者习惯了这样的服务，复购也就顺理成章地发生了。

▶ 通过电子邮件和短信深化客户关系

DTC 品牌推广在获客后，需要长期维护客户关系。邮件和短信是高效且低成本的沟通工具。

❶ 邮件营销

邮件营销是与客户沟通的一种经典方式，虽然已经存在多年，但依然有效。因为邮件不像社交媒体信息那样容易被忽略，而是可以静静地躺在消费者的收件箱里，等待被打开。这种能够留存的特性让它在传递重要信息时格外有力。

好的邮件，不会频繁打扰客户，而是以合适的频率出现，让客户觉得这是一种贴心的提醒，而不是骚扰。比如，在客户购买后的一周内，发送一封使用建议或相关搭配推荐的邮件，可以有效延长产品价值链。而对于沉睡客户，可以通过一封标题抓人的优惠邮件重新唤醒他们的兴趣，比如"你的专属优惠即将过期，快来看看！"这类信息能够巧妙地引回消费者的注意力。

邮件的内容可以是多样化的，欢迎邮件可以传递品牌故事，让客户感受到温暖；活动邮件可以推送节日优惠、限时促销等吸引力强的信息；生日祝福、周年问候也可以通过邮件实现。

邮件写作也是 AI 工具擅长的领域，如图 5-5 所示。

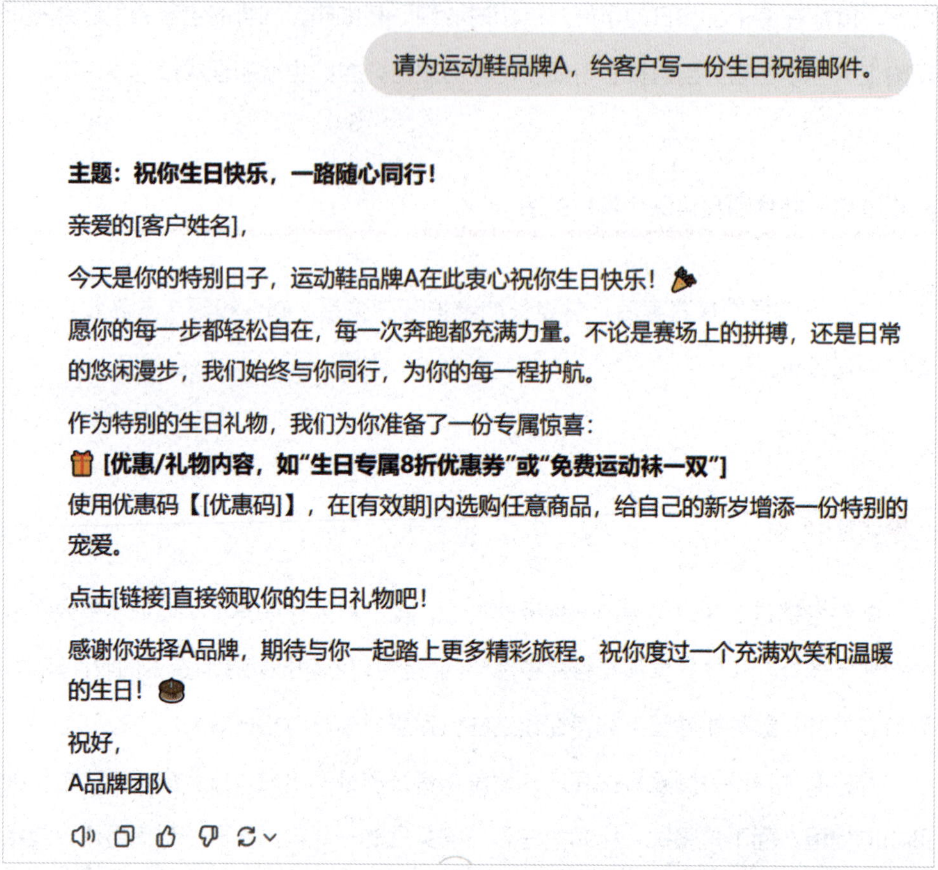

请为运动鞋品牌A，给客户写一份生日祝福邮件。

主题：祝你生日快乐，一路随心同行！

亲爱的[客户姓名]，

今天是你的特别日子，运动鞋品牌A在此衷心祝你生日快乐！🎉

愿你的每一步都轻松自在，每一次奔跑都充满力量。不论是赛场上的拼搏，还是日常的悠闲漫步，我们始终与你同行，为你的每一程护航。

作为特别的生日礼物，我们为你准备了一份专属惊喜：
🎁 **[优惠/礼物内容，如"生日专属8折优惠券"或"免费运动袜一双"]**
使用优惠码【[优惠码]】，在[有效期]内选购任意商品，给自己的新岁增添一份特别的宠爱。

点击[链接]直接领取你的生日礼物吧！

感谢你选择A品牌，期待与你一起踏上更多精彩旅程。祝你度过一个充满欢笑和温暖的生日！🎂

祝好，
A品牌团队

图 5-5 ChatGPT 为品牌生成生日祝福邮件

这封邮件除了祝福，还顺带做了个巧妙的营销。祝福部分结合品牌理念，聊了陪伴和成长。然后按照祝福生日送上礼物的思路，顺势推出了优惠和礼物，把客户的注意力引到购物上。既能让客户开心，也有机会让品牌得到回报。

❷ 短信提醒

短信的强项是直击核心，把关键消息迅速送到客户眼前。客户一眼就能看明白，不像邮件需要时间阅读。比较适合传递促销信息、订单状态更新等即时动态。

比如，当一场限时促销即将结束，发给客户的短信内容可能是"最后 2 小时！

全场 8 折活动即将结束，点击抢购：https://example.com（假设链接）"或者在客户下单后发送"您的订单已发货，预计 3 天内送达。"

　　这样的信息对于客户来说是高度相关且急需知晓的。如果通过邮件发送，很可能会因邮件被积压或阅读延迟而错失时机。而短信则能确保用户立刻看到。当然，短信也不能发得太频繁，否则会被用户视为骚扰。

　　AI 工具在编写相关短信内容方面可以提供助力，如图 5-6 所示。

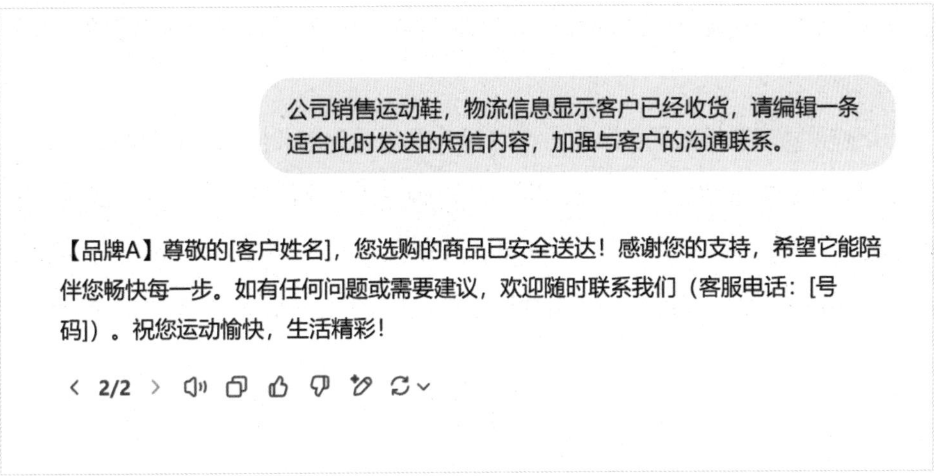

公司销售运动鞋，物流信息显示客户已经收货，请编辑一条适合此时发送的短信内容，加强与客户的沟通联系。

【品牌A】尊敬的[客户姓名]，您选购的商品已安全送达！感谢您的支持，希望它能陪伴您畅快每一步。如有任何问题或需要建议，欢迎随时联系我们（客服电话：[号码]）。祝您运动愉快，生活精彩！

‹ 2/2 ›

图 5-6 ChatGPT 为品牌生成合适的短信内容

　　这条短信语言简洁明了，礼貌且贴心，通过感谢表达对客户的重视和感激之情。结尾提供了明确的客服电话号码，展现出品牌愿意持续服务的态度，有助于增强客户的信任感。

个人 IP 孵化

个人 IP 孵化是指通过持续的内容输出、真实的生活分享和高频的互动，让创始人成为品牌的代言人甚至象征。

他们不再只是公司的管理者，而是品牌的"活招牌"。消费者通过了解创始人的故事、理念和日常，感受到品牌背后真实的人格魅力，从而对产品或服务产生认同感。

这种营销方式借鉴了前面介绍过的 IP 内容运营的创业模式，某种程度上来说，也是将公司创始人包装成了一位"博主"。但最大的不同在于，个人 IP 孵化以品牌创始人为核心，强调人与品牌不可分割的联系。创始人本身不仅是产品和服务的提供者，更是品牌价值观和理念的代表者。而 IP 内容运营的创业模式下的"博主"们，并不一定直接生产产品。

要想真正将个人 IP 孵化成功，需要从三个方面发力：

▶ 树立鲜明的人设标签

人设，是一个创始人留给公众的第一印象，也是个人 IP 最有温度的部分。

树立人设，不是将一个人完全包装成另一种模样，而是基于创始人自身的身份、兴趣、性格，将其中最鲜明、最符合品牌调性的特质放大，使其迅速成为一种记忆点，让人们快速记住。　．

❶ 用身份作人设标签

在人设的树立中，身份是一个非常合适的切入点。

如果品牌主打亲子相关的产品，包括儿童食品、教育工具或安全用品等，而创始人是一位男性且家里有孩子，那么"爸爸"这个身份就非常适合作为人设标签，可以迅速拉近与消费者的距离。

除了家庭身份外，与专业相关的身份也可以作为人设标签，比如"医学博士"，这样的人设能传递专业性和严谨性，适合科技、医疗、智能设备等需要技术创新和提升可信度的品牌。目标人群往往是理性消费者，他们更关心产品的技术实力和可靠性。

当然，曾经作为老师、厨师、运动员等身份的从业经历，也可以作为人设标签，每一种身份都自带独特的背景和魅力。

❷ 用兴趣爱好作人设标签

兴趣和爱好是塑造人设的另一种有效方式。相比身份，兴趣更能表现创始人的个性化特质。

如果某品牌主打日常用品的传统美学设计，销售带有水墨风格的文具、茶具和家居饰品。而该品牌的创始人刚好是一位传统文化爱好者，这就是一个很好的人设标签。

而一个主营鲜花、绿植和园艺用品的品牌创始人，如果家里刚好有个精心打理过的绿植区，那么完全可以给自己打上"园艺爱好者"的人设标签。

这样的例子不胜枚举，创始人选择能够与品牌定位最契合的一面即可。

❸ 用性格特质作人设标签

那些极具辨识度的性格，也能够迅速在消费者心中留下深刻印象。例如，"严谨到极致的完美主义者""说风就是雨的急性子""幽默风趣的段子手"等特质，都能成为品牌创始人独特的标签。

性格型人设的成功，在于让消费者感受到一种真实的"个性"，而非虚构的"形象"。这种鲜活的人设能通过创始人的语言、行为、思维逻辑体现出来，最终形成一种让人记住的独特符号。

▶ 持续的内容输出

人设不是自己打上什么标签就会立刻被大众所认同的，因此，持续的内容输出才是不断夯实人设的关键。这意味着公司需要在社交媒体平台上，不断展现创始人与人设标签相关的真实生活、思考和实践。

以下是一些值得思考的方向：

❶ 输出内容的一致性和偶尔的反差感

内容的一致性是人设被认同的基础。无论是分享日常、观点还是产品，创始人个人 IP 输出的内容需要与人设的核心特质契合，不能让消费者感觉到前后不搭，反差过大。

比如，一个主打极简主义生活的创始人，平时经常分享如何用有限的物品过高质量的生活，讲解"断舍离"的技巧，秉承极简理念。但如果有一天，有消费者在她发布的家居生活短视频里，发现有一间屋子摆放着满满当当、杂乱无章的物品，消费者会立刻对其失去信任。同时不再相信她之前宣传的所有品牌理念，认为那不过是一场精心设计的"表演"。

这就是输出内容不一致造成的，同时提醒创始人在选择个人IP孵化的营销方式时树立人设标签应该遵循真实性，否则很容易因为个人的失误给品牌带来危机。

当然，内容的一致性并不意味着每个细节都必须刻板一致，而是在不违背核心特质的前提下，真实地展示创始人的工作和生活样貌。偶尔一些轻微的反差感反而可能带来意想不到的营销效果。

再说回上面的例子，那位主打极简主义生活的创始人，假设某天的短视频内容中，画面一开始是干净的桌面、排列整齐的储物架。然而镜头一转，孩子们正在客厅玩耍，地上散落着画笔、玩具、零食袋，场面一片混乱。创始人无奈地走进画面，拿起一块饼干盒的包装纸，笑着配上解说："再厉害的极简主义者，遇到小朋友也只能'投降'！"随后用轻松幽默的语气介绍了一些简单实用的收纳技巧，帮助消费者在极简和孩子的天性之间找到平衡。

这种处理方式，不仅没有破坏她一贯的极简人设，反而让人觉得更加真实。消费者会觉得，她并不是一个过于严格的极简主义者，而是一个懂得生活、懂得调节、能用极简理念巧妙应对生活的普通人，进一步增强了对创始人的好感和信任，同时让品牌更有人情味。

❷ 输出方式的多样性

个人IP的输出内容并不局限于某一种固定的呈现方式。图文、短视频、直播，都可以成为创始人与消费者建立连接的桥梁。不同的内容形式能够展示创始人特质的不同维度，让人设更加立体。

比如，一位喜爱传统文化的创始人可以用图文分享日常感悟，记录自己在练习书法时对某一句诗的理解，或者展示自己珍藏的书籍，在简洁的文字中融入文化的深度。这种图文内容适合消费者在碎片时间浏览，让他们在短时间内捕捉到创始人的专业性和个人兴趣。

短视频则更加注重情景化表达。创始人可以拍摄自己练习书法的日常，用镜头捕捉从铺纸、蘸墨到落笔的每一个细节，配以舒缓的音乐，突出过程中的专注与沉静感。而在春节或其他传统节日期间，创始人也可以拍摄如何用毛笔写对联或绘制节庆图案，在节日氛围的烘托下拉近与消费者的距离。

直播也是一种不错的内容输出方式，创始人可以在直播中与消费者互动，现场展示书法创作的过程，边写边讲解每个字的结构和韵味，同时回答消费者的提问，如"用什么纸更适合初学者""如何选择毛笔"等，让消费者感受到创始人对传统文化的热爱是真实的，而非刻意的营销手段。

❸ 输出频率的稳定性

消费者习惯的是稳定的内容输出，而不"三天打鱼，两天晒网"。如果某段时间创始人频繁出现在社交媒体上，随后却消失几个月，那再强的人设也可能被逐渐遗忘。

保持适当的输出频率，比如每周发布一篇图文、两条短视频，或者定期举办一场直播，都能让消费者对创始人的存在形成预期感，也让创始人的人设在消费者心中变得更牢固。

▶ 评论区互动

一条短视频或一篇帖子发布后，内容的传播可能随着时间延续，而评论区的互动也会持续发生。新观众可以通过浏览之前的评论快速了解他人对创始人或品牌的看法，这是直播等即时互动无法实现的。

在直播或其他即时互动场景中，交流更多是创始人主导的，消费者往往只能围绕当前的话题提问或反馈。而评论区的特别之处在于，提供了一个相对开放的空间，允许观众在任何时间、以自己的方式表达疑问、观点或分享体验。这种自由度让评论区成为创始人了解用户真实需求、情绪和关注点的宝贵渠道。

在评论区与观众互动时，创始人可以参考以下小技巧：

❶ 用语风格贴近人设

互动的语气要与人设匹配，比如专业型创始人可以用细致且逻辑清晰的语言来回答问题，而温暖型或幽默型的人设则可以用轻松的语调与观众交流。

比如，当有人提问产品材质时，专业型创始人可能会回答：

"这款产品采用的是经过三重测试的环保材料，既耐用又符合可持续原则。"

而幽默型人设的回复可能是：

"别担心，强到你用一辈子都不用换！"

❷ 举一反三式回答

面对单一问题，不仅可以直接答疑，还可以挖掘更深层次的内容。

比如观众问：

"这款产品适合小户型吗？"

创始人可以顺势分享一些小户型空间利用的小技巧，或者自己的真实使用场景：

"我家也是小户型，这款桌面收纳盒能装下 20 本书，但完全不占地方，你一定会喜欢。"

❸ 把粉丝的观点变成内容的素材

评论区是创意的宝库，创始人可以通过积极互动，把粉丝的观点转化为内容创作的灵感和素材。

比如，当有观众评论说：

"这个产品在冬天用起来效果特别好！"

创始人可以回复：

"很棒的发现！请问你冬天用它解决了哪些问题？我可以根据你的分享制作一些使用场景的实用小视频。"

　　这种互动不仅能让粉丝感到自己被重视，还能激发更多人分享他们的真实体验，持续为创始人的内容输出注入新鲜感，同时让观众感到自己的意见对创始人和品牌有价值，进而提升参与感和忠诚度，形成良性循环。

❹ 巧妙幽默拉近距离

　　评论区的气氛不需要太严肃，适当的幽默或自嘲能让互动更自然。

　　如果有人开玩笑说：

　　"你真的天天用自己家的产品吗？"

　　创始人可以发一张产品堆满自己办公桌的照片回复：

　　"你猜猜公司的库存都去哪儿了？"

　　这种方式不仅能打消观众的疑虑，还让人设更加亲近、真实。

❺ 定期策划互动话题，引导用户讨论

　　很多时候，创始人可以主动抛出有趣的问题，放置在评论区最显眼的位置，引导大家进行评论，这是一种非常直接的营销方式。

　　比如，"你最喜欢用这款产品解决什么问题？""如果给这款产品起个名字，你会怎么叫？"这些开放式问题能激发更多用户参与讨论，让评论区变成一个活跃的社群，同时让品牌的人设与消费者建立更深的联系。

❻ 借用 AI 工具回答

　　在评论区互动中，难免会遇到一些不好回答的问题，如果一时想不出好的答复，不妨问一下 AI 工具。

　　比如，有人提问："为什么你家产品颜色这么少？是不是设计师偷懒了？"询问 AI 工具后，得到的答复如图 5-7 所示。

"科学研究表明：过多的颜色会分散注意力，增加选择困难。我们的精简配色正是为了贴心照顾那些想要快速决策的消费者。每一种配色都经典耐看——真正懂设计的，从来不是给你更多选择，而是帮你选对。"

图 5-7 ChatGPT 为品牌生成合适的短信内容

　　在这样的回答，不仅回应了质疑，还巧妙地将自己的设计理念上升到一个更高的层次。

事件营销与互动活动

一部新电影上映之前，网上会突然出现大量讨论，从主创人员的幕后故事到电影拍摄的独特手法，甚至某场景成为游客的"打卡地"，网络上到处是关于该电影的剧情猜测话题，电影未上映之前就已经牢牢占据了观众的注意力。

这就是一次典型的事件营销，通过一个精心策划的活动或现象，与媒体和消费者建立强烈的联系，吸引他们的关注与参与，每一个参与者也在不知不觉间成为传播链条中的一环。

一次成功的事件营销，不仅能让品牌成为大众讨论的焦点，还能在消费者心中建立起持久的记忆点，让事件与品牌深度绑定，让消费者在记住事件的同时，自然而然联想到品牌的价值，这是事件营销最大的魅力所在。

▶ 事件营销的契机

要凭空制造出让人眼前一亮的事件并不容易，好的事件营销往往需要一个"契机"。契机可以来自品牌自身的活动节点，也可以巧妙地借势外部事件，比如节日、庆典盛会，热点新闻等。

节日是事件营销中最容易利用的契机之一。无论是春节、中秋这样的传统节日，还是母亲节、情人节这样的情感节点，品牌都可以通过节日主题活动，拉近与消费者的距离。

比如，在母亲节发起"写给妈妈的一封信"征集活动，挑选最感人的内容公开展示，并搭配优惠福利赠送。或者在儿童节办一场"还原童年梦"的快闪体验展，布置经典的童年场景，包括 80 年代的小卖部、90 年代的校运动会摊位、00 年代的漫画角等，邀请观众拍摄短视频分享自己的童年回忆，并配文"致我的儿童节"。

除了节日，一些固定的年度热点，比如"315消费者权益日"，也是许多品牌展现自身品质和社会责任感的绝佳机会。

契机不一定都是固定的，还有突发事件引发大家关注的时候，也会有不少品牌方借着热度进行事件营销。例如，当偶然出现天文奇观，吸引全网关注时，某创意品牌迅速结合天文知识普及的短视频，并在线上发起互动话题"你心中的银河长什么样？"，吸引消费者参与讨论并自发传播，为品牌创造了额外的曝光。

突发事件作为契机，有一个共同点：它们自带流量且极具讨论性。品牌在借势时，必须快速反应，同时确保与品牌调性契合，避免生硬地去"凑热闹"，让人感觉牵强，甚至引发反感。

当然，不是所有的事件营销都有一个合适的契机，没有契机也可以创造契机。一开始提到的电影上映宣传，就是自己创造的契机。

在新产品上市前，一些品牌会提前制造悬念，通过一系列"未完成"的内容逐步释放信息，引发公众好奇心。这种策略的关键在于设计一个引人入胜的叙事过程，让消费者在等待中逐步建立起对新品的期待。

等到新品揭晓的时刻，品牌可以通过一场发布会、直播或者限时抢购活动，将悬念的积累推向高潮，就像电影发布会、明星见面会都是一个道理。

最后值得一提的是，虽然事件营销的目标之一是推广品牌，但如果营销痕迹过重，很可能让受众产生排斥心理。好的事件营销往往以创意和故事为驱动，让品牌融入其中，而不是赤裸裸地硬推广告。

▶ 事件营销渠道选择

事件营销的成功，很大程度上取决于渠道的选择。不同类型的事件营销，需要选择不同的渠道。

线上渠道的接力传播效果极为显著。一个用户的转发可以引发另一个用户的好奇心，每一个用户的互动都会触发另一个传播节点，使得活动逐步扩大影响力，进而带动更多人参与。

从短视频平台到微博、微信、论坛，每一种线上渠道都有其独特的传播优势，短视频平台擅长通过视觉和音乐营造冲击力，比如用精心制作的宣传视频快速抓住用户注意力。而微博和微信则适合话题引导和深度内容分享，例如通过"# 品牌活动挑战赛"的话题标签，吸引更多用户参与和讨论。品牌方需要根据事件的需求和目标受众选择最优的组合。

尽管线上传播迅猛，但线下渠道所提供的那种面对面的交流和实地参与的体验感是任何屏幕都无法取代的。常见的线下渠道包括快闪店、体验展、发布会等，通过体验场景吸引消费者，用活动互动激发分享，让品牌在线下落地生根，与消费者近距离接触。

那些成功的事件营销，往往是线上与线下的无缝结合，让两者的优势互相补充、彼此放大。例如，在线下的快闪店吸引了消费者实地参与，消费者的现场照片、短视频和体验感受通过线上平台迅速扩散，形成二次传播效应。同样，线上活动的热度也可以反哺线下，让更多消费者关注并亲临活动现场，体验品牌所传递的价值。这种双向互动的模式，让事件营销形成了持续的传播循环。

▶ 互动活动的设计

事件营销最终的落地点是吸引公众的参与，形成互动。关于互动活动的设计有几种角度可供参考：

❶ 引导用户生成内容

用户生成内容，简称 UGC（User-Generated Content），是指由用户自行创作、发布并分享的内容。简单来说，就是让用户成为内容的生产者，而不是单纯的消费者。

用户生成的内容可以是客户晒单，也可以是分享自己与品牌的故事，甚至可以只是一条简单的评论。这些内容往往带有真实体验和个人视角，这种真实性能够有效打消潜在消费者对品牌信息的怀疑，让传播变得更具说服力。比如，当用户在社交媒体平台上分享他们的参与体验或创意作品时，这些内容会被其他人带入"这是我的朋友"或"这是和我一样的人"的视角，从而引发兴趣和共鸣。

事件营销的互动活动设计需要引导用户去生成内容。当一个用户生成内容并分享到他的社交圈时，该内容可能会被他的朋友或粉丝点赞、评论、转发，从而形成新的传播链条，带动裂变式传播，最大化地提高事件的影响力。

举个例子，某电影即将上映，官方发布了一张悬念海报，画面上只有一句耐人寻味的话："如果重来一次，你会改变什么？"并配上倒计时，引发了用户的好奇心。

这时候，官方引导用户在评论区写下自己的答案并转发，鼓励他们用自己的故事延续这场讨论。部分优秀回复还被选中放到电影的官方账号进行展示，吸引更多用户关注。

随着热度升温，电影制作方又追加了一支短片，暗示剧情可能与"改变选择"有关，再次点燃用户的猜测欲望。社交平台上逐渐形成了关于剧情可能性的接力式讨论，"你觉得故事会如何发展"成为热门话题。

这种策划通过悬念和互动机制，利用社交媒体平台的裂变传播特性，让观众在好奇心和参与感的驱动下，成为传播链条中的关键一环，使得电影在正式发布预告片时已经吸引了大批关注者，并成为热点话题的中心，事件最终从普通宣传演变为现象级的营销事件。

❷ 利用游戏化机制激发参与冲动

当在网上或街边发现一项互动活动时，人们大多习惯于围观，而不是主动参与。

游戏化机制是激发参与冲动的一把好钥匙。通过设计趣味性强、简单易参与的活动，能够激发人们参与的冲动。

游戏化机制并不是简单的娱乐，而是将游戏的元素融入事件营销的活动中，比如任务、挑战、排名和奖励机制等。

举个例子，某市城市绿道在 9 月 29 日世界步行日建成开放，一家运动品牌借着该事件的契机，策划了一场"城市步行挑战"活动。

品牌方在城市的地标性区域设置了多个"步行打卡点"，每个打卡点都配有品牌设计的互动装置，如步行打卡墙、虚拟现实步行体验区等。用户需步行到打卡点并完成趣味互动游戏，游戏通关即可解锁专属奖章和下一步挑战线索。

同时，品牌在官方小程序上线了"七天步行挑战"的活动页面，用户通过手机记录每日步数，累计达到活动要求的步数并完成至少三个打卡点签到，就有机会获得品牌限量定制周边和折扣券。

为了扩大活动热度，品牌还邀请了知名运动达人参与，现场直播自己的挑战过程，并在社交媒体发布关于步行健康益处的短视频，引发更多人参与讨论。

这场活动将健康步行与品牌理念紧密结合，从一场简单的运动挑战，变成了用户在社交圈中主动传播的热门话题，成功吸引了大量关注。

❸ 借助虚拟技术提升沉浸感

随着虚拟现实（VR）和增强现实（AR）技术的普及，许多品牌开始在互动活动中融入虚拟元素，进一步提升用户的沉浸感和新鲜感。这种技术能够将用户从传统的二维互动中解放出来，为他们提供身临其境的体验，从而使品牌与用户之间的联系更加紧密。

某家居品牌曾在国际设计展开办期间，策划了一场"未来之家"主题的沉浸式体验活动，通过虚拟技术为消费者打造了一次穿越未来的家居之旅。

品牌方在展会现场设立了一间"未来生活实验室"，观众戴上 AR 眼镜后，能够体验到品牌家具和智能设备在不同场景中的应用，例如如何用语音控制家具调整、虚拟布置房间的颜色和风格，甚至能看到家具随着生活场景变化自动调整的效果。

与此同时，品牌在线上推出了一款虚拟家居设计工具，用户可以上传自己的房间照片，利用 AR 技术试用品牌提供的家具和装饰品，实时感受不同搭配方案带来的家居风格变化。

为了增加互动性，品牌还发起了"我的未来之家"设计挑战，邀请用户生成自己的虚拟家居方案，并通过社交平台分享，最后由知名设计师开通直播进行点评。优秀作品的设计者有机会获得品牌定制奖品，优秀作品还会在品牌官方平台和设计展的展厅内展出。

虚拟技术的融入，让事件营销的互动活动有了更多玩法，使用户能以更直观、更沉浸的方式体验品牌。

❹ 设置真实场景互动强化体验

品牌方在现实中搭建起一个可以现场参与的活动场景，让人们亲身来试一试、玩一玩、感受一下，而不是单纯地看一看。这就是通过设置真实场景，将品牌的理念转化为可感知、可触摸的体验，从而增强人们的参与感和归属感的营销互动活动。

例如，一家茶叶品牌借助端午节龙舟赛事的契机，在赛事的举办场地附近，搭建起一条文化节街区，策划了一场"寻味端午"沉浸式体验活动。

在文化节街区的一角，专门设置了一座临时茶文化庭院，复刻了古代制茶和饮茶的场景。人们进入庭院后，可以在茶艺师的指导下亲手体验手工制茶的过程，了解古法茶叶制作技艺，同时尝试调制以品牌产品为基底的创新茶饮。

为增加互动性，品牌方发起了一个"茶叶寻宝"活动，参与者通过扫描二维码获取线索，按照线索在街区各个摊位上，找到隐藏的品牌产品或茶叶文化故事卡片，集齐卡片的人可以兑换定制的茶具套装。

这种真实场景的互动设计，不仅为线下活动带来了人气，也通过人们的自发传播让品牌理念深入更多潜在消费者的视野，最终实现了情感连接与传播效果的双赢。

❺ 利用公益元素激发共鸣

现在，越来越多的消费者开始关心品牌是否有责任感，是否关注环保、教育、扶贫等公益领域。于是，一些品牌在营销时，会尝试融入公益元素，用行动传递态度，拉近与消费者的距离。

但需要强调的是，公益的初衷不能只是为了营销，其出发点应该是真心关注社会议题，用实际行动创造积极影响。只有这样，才能赢得消费者的尊重和认可。如果做公益的目的只是为了宣传，只会让活动显得功利，结果适得其反。

所以，公益活动不能是为了营销而设计，而是将营销融入公益行动之中。例如，某服装品牌在世界环境保护日发起的"旧衣新生"活动，号召消费者将旧衣物带到线下活动现场进行捐赠。

品牌方承诺将这些衣物回收再利用，制成环保购物袋。同时，大家每捐赠一件衣物，品牌会向公益组织捐出 10 元善款，用于支持环保项目。

为了让活动更透明、更有参与感，品牌方特地上线了一个公益专题页面，通过短视频和图文，详细展示旧衣物的回收和再生过程。看到每一件捐赠衣物从分类、加工到再利用，参与者们都感到自己捐赠的不是旧衣物，而是一份份公益事业金，随后对该品牌的认可度迅速提高。

这样的活动，让公益成为品牌文化的一部分。通过持续地践行社会责任，品牌不仅能够赢得市场的认可，更能赢得消费者的心，为自身的发展注入更深远的意义和动力。

管理编

AI 重新定义团队与协作

　　在 AI 主导的创业生态中，团队和分工的传统概念正悄然发生变化。曾经，成功的创业离不开团队规模和管理能力的比拼。大家分工明确，各司其职，才能推动项目向前。

　　但如今，超级个体崛起，创业不再需要组建庞大的团队，也不必为复杂的人际协调绞尽脑汁。AI能够高效分配任务、精准匹配资源，甚至实时监控进展，让合作更流畅。

　　这种变化并不意味着团队的重要性减弱，而是代表团队形式的改变，在形态上越发灵活。创业不再依赖固定的人员结构，而是以 AI 为中心，通过各种工具和资源搭建起生态网络，释放出更多的执行力和创造力。

AI 驱动的弹性用工模式

提到工作团队，很多人脑海中浮现的是整齐排列的办公桌、每天固定的上下班时间和明确分工的岗位职责。这样的模式支撑了工业化时代无数公司的高效运转。

那 AI 时代，超级个体创业还需要团队支持吗？

其实，超级个体本身虽然强调了个人能力的放大，但并不意味着只会"单打独斗"。因为一个人的时间和精力毕竟是有限的。所以，超级个体创业发展起步后，也是需要团队支持的。只不过这种团队和传统的固定团队完全不同。AI 技术的普及，让超级个体在用工方面拥有了更灵活的选择。他们可以用更少的资源，搭建起一个随需而动的"弹性"团队。

这个"弹性"具体体现在以下三个方面：

▶ 从固定人员到动态组织

在传统用工模式中，团队的组成往往是固定的，一旦组建，就需要长期维持。每个人都有明确的岗位职责，不管当下的工作量是多是少，人员成本始终是企业的一项刚性支出。

然而，创业项目往往会根据市场反馈调整方向，如果在初期就固定团队成员，不仅容易造成资源浪费，还可能因团队技能无法覆盖新需求而导致效率低下。AI 驱动的弹性用工模式为创业者提供了全新的解决方案，让团队的构成不再是"固化"的，而是可以围绕项目需求灵活调整，方便创业者以最小的资源投入尝试更多可能性。

比如，开发一款应用程序，前期可能需要的是技术开发人员和 UI 设计师；到了推广阶段，技术人员的需求会减少，取而代之的是市场推广和内容运营的短期支持。整个团队成员可以像积木一样，随时拼接需要的模块，项目结束，团队也随之解散，每个成员都可以迅速奔赴下一个项目，而创业者也不再需要承担长期的人员管理和雇佣成本。

如今社会上已经出现的一批"数字游民"，就是与 AI 驱动的弹性用工模式比较契合的从业人员之一。

数字游民，指的是那些利用互联网和数字技术远程工作，同时在各地旅行或居住的人群。他们主要通过电脑和网络来完成工作，不受传统工作方式、特定工作地点和时间的约束，一般从事与软件开发、内容创作、设计、营销等领域相关的工作。

数字游民通常没有固定雇主，他们更倾向于以项目为单位，与多家企业或个人合作，而动态组织恰好为这种合作提供了理想的土壤。

在任务需求和人员对接方面，一些平台型公司正在扮演动态组织与数字游民之间的"智能中介"。创业者不需要大费周章地筛选人才，通过这些平台即可获得一个标准化的交易环境。平台上每位数字游民都会清楚标注自己的技能范围、收费标准、交付周期，以及过往合作的评分记录。这些信息让创业者能够在最短时间内找到符合需求的人，而数字游民也能够凭借透明的规则快速接单。这种基于需求与能力的动态对接，正在逐步改变人们对"团队"和"分工"的传统认知。

不过，也有人担心这种用工模式在员工保障方面存在缺陷，其实也有对应的解决思路。除了缴纳灵活就业社保外，一些平台正在尝试为在上面接单的人员，提供健康保险、养老金计划等服务，作为项目佣金的一部分。

总的来说，从固定人员到动态组织，这种转变让超级个体创业可以轻装上阵，为整个创业生态带来了全新的可能性。

▶ 从一人一岗到一人多岗

既然 AI 工具让技能的界限变得模糊，超级个体不只能胜任单一岗位，那么，创业者完全可以抛开固有的一人一岗设置，组建起一支由超级个体组成的团队。这样的团队，每个人都可以身兼数职。

比如，一个在短视频行业的创业团队只有三个人，却用 AI 工具完成了拍摄、剪辑、推广和数据分析的一站式流程。摄影师兼任了导演和编剧的工作，不仅负责拍摄内容，还通过 AI 工具提前生成拍摄脚本，优化现场的时间安排。剪辑师也不光能剪辑视频，还能借助 AI 生成匹配的背景音乐和音效。运营负责人同样是"全能选手"，在制作封面图、社交媒体的宣传海报的同时，还实时跟踪观看量、点赞率等指标，进行视频数据分析，并根据反馈优化推广策略。在此情况下，三人团队就能完成五六个人才能完成的任务量。

这样的一人多岗模式有一个显而易见的优势，那就是沟通成本下降，执行力上升。

事实上，团队中每增加一个成员，团队内部的沟通路径就会成倍增加。沟通路径的数量可以用一个简单的公式来说明：即 $n(n-1)/2$，其中 n 是团队成员人数。

如果团队只有 3 个人，沟通路径是 $3(3-1)/2 = 3$。

如果团队是 5 个人，沟通路径就变成了 $5(5-1)/2 = 10$。

如果团队增加到 10 个人，沟通路径直接跃升到 $10(10-1)/2 = 45$。

这意味着，随着团队规模的增长，沟通所需的时间和精力会以非线性速度上升。人少的团队，信息只需在少数几个人之间传递，决策更快速，也更容易达成共识。

因为当一个人负责整个流程时，他对任务的理解是完整的，做出的每一步决策都基于自己掌握的全盘信息，不需要向别人解释或等待反馈。而在多人协作中，每个人只负责一部分内容，需要把自己负责的部分解释清楚，还要确保对方的理解和执行方向一致。这就增加了信息交换的复杂性，可能还会因为不同理解导致反复沟通，拉长决策时间。

说回上面的例子，拍摄、剪辑和运营分属三个人完成，每个人在执行时都需要清楚知道对方的需求和目标：拍摄的人要明确剪辑需要哪些镜头，剪辑的人要考虑运营对视频时长和风格的要求，而运营又需要对接平台算法的细节。如果沟通不到位，最终的成品可能会跑偏，甚至需要返工。而当这些任务被拆分，由更多人来负责的时候，沟通成本会上升到一个更高的水平。

所以，一人多岗的模式使得团队规模更小，不需要层层汇报，更不用开冗长的会议商量细节。只要任务分配清楚，想法随时能在工作群里直接讨论甚至当面确认。这样的高效沟通自然能带来成本的下降，执行力的提升。

更实际的一点是，人少了，项目的收益分配到每个人身上的比例自然也更大，成员的工作积极性也就提高了。毕竟，每个人的努力程度都直接影响着自己的收入。这对于创业者和团队成员来说，是一个双赢的结果。

▶ 从区域共事到全球协作

同一个创业团队的成员，可能分别身处北京、纽约和巴黎，这样的场景，正是无界办公的最佳诠释。在 AI 工具和互联网的支持下，地理边界被打破，工作地点的限制被消解，过去那种局限于同一个城市，甚至同一个办公室的面对面工作形式，正在转变为线上协作生态。

无界办公的理念并不等同于"远程工作"，它更强调一种完全解放物理位置的工作方式。对超级个体创业者来说，这意味着他们的团队不需要再局限于本地的人才库，而是可以灵活调用全球资源，随时随地组建一个动态、高效的国际化团队。

比如，某位刚完成一轮融资的一位科技创业者，打算快速推出一款新产品。他的团队成员遍布全球，UI 设计师住在巴厘岛，每天在海边的露台上完成界面设计；后端开发人员在印度，利用 AI 工具优化代码；市场营销的负责人则是个数字游民，时而在柏林的咖啡馆工作，时而在葡萄牙的共享办公空间完成社交媒体的内容策划。这些人从未见过面，但借助 AI 翻译工具、远程协作平台，以及自动化进度追踪工具，他们的工作像本地团队一样无缝衔接。

这样的用工模式，不仅可以节约成本，而且可以从全球范围内获取优质人才资源。

当团队成员工作时会自带设备、自选环境，不再需要一个共同的线下空间，那么租办公室、买设备、装宽带、配打印机等在区域共事模式下的"刚需"成本，一下子就不需要了。

除此之外，由于团队成员分布在不同地区，创业者还可以根据每个国家或地区的物价水平，灵活选择人才，甚至连工资支付的时间，也可以根据不同国家的时差优化，现金流变得更加灵活。

虽然成本下降了，但人才的质量却不会下降。以前，创业者可能因为预算有限，或者在观念上认为员工不在办公室，就是在偷懒，所以更倾向于在本地范围内进行人员招聘。这就限制了团队成员的能力，尤其是在一些小城市，人才资源相对较少，就更难找到匹配度高的员工。

如今，创业者不再受限于本地的人才库，全球协作已经成为一种常态。团队成员可以来自世界的任何角落，只要具备合适的能力和经验，就能加入项目。不用再担心地域限制，也不需要考虑搬迁成本和办公室工位这些琐碎的问题。对于创业者来说，这种用工方式让他们在人才选择上有了前所未有的自由。

无障碍团队协作

当用工模式发生改变，团队成员可能不再身处同一空间，不再来自同一国家或地区，那么团队协作的畅通就变得无比重要。这种无界办公的运作，需要在语言、时间和技术平台三个方面实现全面打通，才能让分布在全球的成员实现高效协作。

▶ AI 翻译支持跨语言协作

语言一直是全球协作中不容忽视的障碍之一。如果一个团队成员讲中文，另一个讲英语，再加上一个用法语表达想法，原本简单的任务沟通可能就要花费大量时间在翻译和解释上。

以往这种情况是需要专业翻译介入的，或者依靠团队中某位语言能力较强的人充当"桥梁"，效率低不说，沟通中还容易出现信息丢失或者误解。特别是在涉及细节的技术文档、合同条款或市场推广方案时，语言的差异很容易成为协作中的瓶颈。

之前在工具篇中我们已经介绍过，AI 工具具有翻译功能，而且不是简单的字面翻译，而是在理解上下文的基础上，将技术术语、语气和文化细节都考虑进去，提供更贴近实际需求的翻译结果，并且能根据建议进行翻译结果的优化。

举个例子，某初创公司与德国合作伙伴联合开发智能恒温器，为符合欧盟市场的技术要求，国内团队需要将关键的技术文档翻译成德语供审核。文件中涉及复杂的电路原理、控制算法以及设备的安全标准。

在原始技术文档中提到以下内容：

> 恒温器的温度调节灵敏度为 ±0.1℃，可通过内置算法根据室内温差动态调整供暖功率。
>
> 控制面板支持三种语言切换（中文、英文、德文），默认语言为中文，用户可在设置菜单中选择语言。
>
> 最大功率限制设定为 2000W，超出限制时设备将自动断电并发出警报声，同时显示错误代码 E-03。

相关人员在将整段内容交给 AI 工具后，得到了以下结果，如图 6-1 所示。

Die Temperaturempfindlichkeit des Thermostats beträgt ±0,1 °C und passt die Heizleistung dynamisch entsprechend der Raumtemperaturdifferenz an.
Das Bedienfeld unterstützt den Wechsel zwischen drei Sprachen (Chinesisch, Englisch, Deutsch). Die Standardsprache ist Chinesisch; Benutzer können die Sprache im Einstellungsmenü ändern.
Die maximale Leistungsgrenze beträgt 2000 W. Wird diese überschritten, schaltet sich das Gerät automatisch ab, gibt ein akustisches Warnsignal und zeigt den Fehlercode E-03 an.

图 6-1 ChatGPT 翻译技术文档

德国合作方收到翻译后，用德语提出了以下修改建议：

> Die Sprachumschaltung sollte so gestaltet werden, dass Deutsch bei europäischen Modellen als Standardsprache eingestellt ist.
>
> Die Anzeige des Fehlercodes sollte eine klarere Beschreibung der Ursache enthalten, z. B.: "Leistungsüberschreitung - bitte reduzieren Sie die Last".

　　相关人员直接将这段内容发送给了 AI 工具，得到了修改后的翻译结果，如图 6-2 所示。

Die Temperaturempfindlichkeit des Thermostats beträgt ±0,1 °C und passt die Heizleistung dynamisch entsprechend der Raumtemperaturdifferenz an.
Das Bedienfeld unterstützt den Wechsel zwischen drei Sprachen (Chinesisch, Englisch, Deutsch). Bei europäischen Modellen ist Deutsch als Standardsprache eingestellt; Benutzer können die Sprache im Einstellungsmenü ändern.
Die maximale Leistungsgrenze beträgt 2000 W. Wird diese überschritten, schaltet sich das Gerät automatisch ab, gibt ein akustisches Warnsignal und zeigt den Fehlercode E-03 mit einer klareren Beschreibung der Ursache an, z. B.: „Leistungsüberschreitung – bitte reduzieren Sie die Last".

图 6-2 ChatGPT 按要求优化翻译结果

　　修改后的内容，更加符合实际需求，在欧洲市场将德语作为默认语言更加贴近用户习惯，优化了用户体验。并提供了明确的错误描述"Leistungsüberschreitung – bitte reduzieren Sie die Last"，比单纯显示"E-03"更易于用户理解和采取措施。

　　除了这种静态的翻译沟通，更让人头痛的恐怕是线上会议过程中的即时翻译。不过，AI 工具针对这种情况，也同样提供了有效的解决方案。比如，通义千问的"实时记录"功能，如图 6-3 所示。

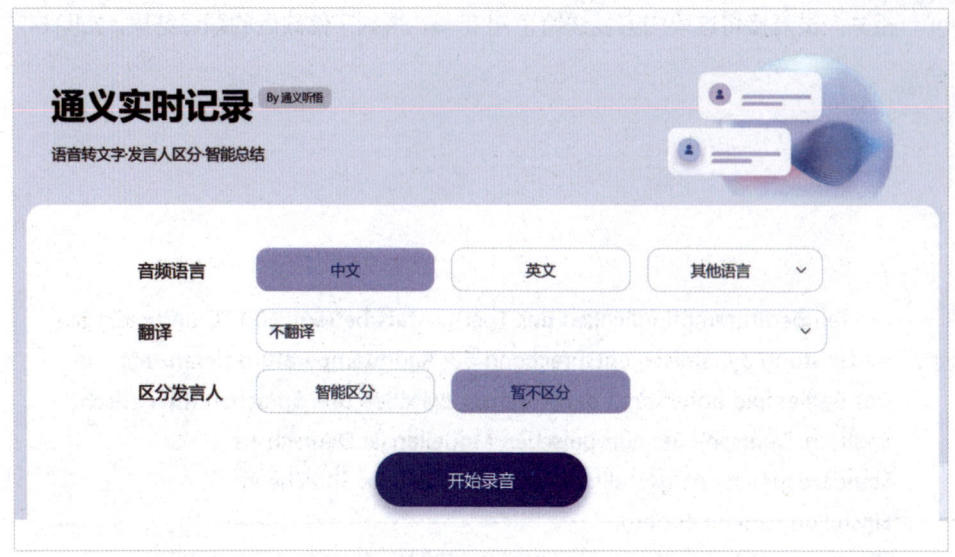

图 6-3 ChatGPT 按要求优化翻译结果

从界面上可以看出，用户可以选择音频的原始语言，例如中文、英文或其他语言。通义千问支持将语音内容翻译成指定的目标语言，比如从英文翻译成中文，或者从中文翻译成英文。这对于多语言会议非常实用，可以让不同语言的参会者实时理解对方的发言内容。

同时，界面还有"区分发言人"的功能，如果选择"智能区分"，系统会自动根据语音特征区分发言人，并标注每位发言人的发言内容。这特别适合多人会议，方便会后整理和记录。

在跨语言会议开始的时候，团队成员可以打开 AI 工具，点击"开始录音"，即可启动实时录音和翻译功能。系统会自动生成文字记录，翻译内容并保存为可下载的文档，真正实现了语言无障碍的协作体验。

▶ **AI 任务分配支持"异步协作"**

传统的工作模式讲究实时协作，但在全球协作的团队中，协调时间往往变成了一个难题。当你在国内开始工作时，你的同事可能还在地球的另一面睡觉。如果大家都非要在同一个时间开会或同步进度，总会有某些人不得不在深夜或凌晨上线，被迫"迁就"的那一方往往会效率低下，甚至对工作产生负面情绪。

正因如此，在全球化的团队中，"异步协作"这个概念正在被越来越多的团队接受。简单来说，异步协作是一种不需要团队成员同时在线的工作方式，大家可以按照自己的时间安排，在不同的时段完成任务，并通过工具实现无缝对接，形成一种"接力赛"式的工作流。

其实大多数时候，工作并不是各环节同步进行的，而是一个环节结束才能交给下一个环节的成员处理，比如一个市场策划活动，数据分析部门要先提供目标用户的行为数据，设计团队才能基于这些数据创作出广告素材，随后推广团队再根据这些素材进行分发和投放。每一个环节都依赖于前一环节的完成。这种工作流程在传统的同步协作模式中，因为等待时间和沟通延迟，往往导致项目推进缓慢。

异步协作利用了时区差异，可以将项目分解成可"接力"的任务，让工作流程在任何时间段都有人推进。在整个流程中，AI 工具起到了任务分配、进度追踪的作用。

仍以市场策划活动为例，某公司打算策划一场春节促销活动，分别有位于 A、B、C 三个国家的团队。在 A 国的团队负责撰写活动文案，在 B 国的团队分析去年市场的销售数据，在 C 国的团队负责活动页面的技术支持。将各国所在时区告知 AI 工具后，就可以得到一份工作衔接及时差协作流程，如图 6-4 所示。

工作衔接及时差协作流程

(1) A国团队的任务起点（白天）：在当地时间9:00上班，完成文案初稿后，下班前上传至共享平台。由于B国比A国早4小时，B国团队可以在他们的下午接收并开始分析。

(2) B国团队的任务延续（下午到晚间）：利用文案内容，结合去年市场数据进行分析，生成销售趋势报告。由于C国比B国晚3小时，C国团队可以在他们的早上收到数据和文案后进行技术实现。

(3) C国团队的任务完成（全天到次日）：基于文案和数据建议优化页面设计，并进行测试。完成的页面反馈会在当天晚些时候或次日早晨同步给A国和B国团队。

图 6-4 ChatGPT 生成工作衔接及时差协作流程

如果想要具体的任务分配表，AI 工具也是可以提供的，如图 6-5 所示。

春节促销活动任务分配表（基于时差协作）

团队	工作时间段（当地时间）	主要任务	具体任务描述	衔接方式
A国团队	9:00-18:00	撰写活动文案	制定活动主题和宣传口号 撰写促销规则及营销文案 整理文案初稿提交共享平台	下班前将文案初稿上传至共享平台供B国团队参考 提前设置AI工具发送任务提醒，确保B国团队按时收到最新内容
B国团队	9:00-18:00	分析去年市场销售数据	收集去年春节促销数据 提供用户行为和趋势分析 根据文案建议调整方向	开工后利用AI工具查看A国团队的文案初稿 完成分析后将数据报告提交共享平台，并通过自动化工具提醒C国团队调整页面设计
C国团队	9:00-18:00	活动页面技术支持	根据文案和市场分析优化页面设计 开发活动页面并进行兼容性测试 准备最终上线的技术支持	开工后参考B国团队的分析数据及A国团队文案 将测试版页面链接上传至共享平台，并设置自动反馈机制供其他团队验证和提供修改建议

图 6-5 ChatGPT 生成任务分配表

　　最终，在 AI 工具的支持下，异步协作的优势得到了充分展现。每个团队都在自己最高效的时段完成了工作，而整个项目在最短时间内实现了无缝衔接。

　　对于分布广泛的团队而言，这种协作模式不仅解决了时区差异的困扰，还释放了成员的工作潜能，为项目推进带来了全新的加速体验。

▶ AI 云端平台支持任务协作

　　每当需要团队协作完成一项任务时，最常见的难题往往是：谁负责什么？做到了什么程度？版本对得上吗？

　　比如，当一张表格需要多人填写时，邮件来回传递常常导致数据混乱、版本不一致或格式不兼容，甚至有成员填错了，还要重新确认修正，整个任务的进度被拖延。而如果团队成员分布在不同国家或地区，这些问题会被放大到更严重的程度。

　　不过，如今的云端协作平台和 AI 工具相结合，正在为此类问题提供有效的解决方案。不仅提供了一个实时更新的共享空间，还能结合 AI 的任务指引和错误检查，让团队成员在同一平台上完成各自的任务，无须反复沟通确认。

　　WPS 的在线表格就是一个代表性工具，过去填表，只能下发一个模板，大家各自填好后交由专门的人员进行汇总，或者同一个表格一个接一个地传着填写。而在线表格功能彻底改变了这种情况。具有以下功能：

　　多人实时编辑：团队成员现在可以同时在线编辑表格，谁改了什么内容，都会实时同步显示给其他成员。例如，在制定项目预算表格时，财务人员、项目负责人等可以同时填写各自负责的部分。

　　权限管理：表格的创建者或管理员可以根据需要为不同的成员设置不同的编辑权限，如只读、可编辑等。对于一些重要的表格，仅允许特定人员进行修改，其他人只能查看，从而保证数据的安全性和准确性，如图 6-6 所示。

图 6-6 WPS 在线表格的权限管理功能

自动保存与版本更新：在协作过程中，表格的每一次修改都会自动保存，并且会生成新的版本。成员可以随时查看表格的历史版本，了解数据的修改过程和变化情况，方便追溯和对比。

恢复历史版本：如果在编辑过程中出现错误或需要查看之前的某个版本，成员可以轻松地将表格恢复到任意一个历史版本，避免因误操作或错误修改导致的数据丢失或混乱。

多种分享方式：支持通过链接、邮件、微信、QQ 等多种方式将在线表格分享给团队成员或外部合作伙伴，方便快捷地进行协作和信息共享。例如，在与客户沟通项目进度时，可以通过邮件将项目进度表格分享给客户，让客户及时了解项目的最新情况。

评论与批注：成员可以在表格中添加评论和批注，对特定的数据或单元格进行解释和说明，方便其他成员理解和沟通。例如，在审核预算表格时，审核人员可以直接在表格中添加批注，指出需要修改或调整的地方，提高沟通效率。

跨平台使用：支持在 Windows、Mac、iOS、Android 等多个平台上使用，并且数据可以在电脑、手机等不同端口之间无缝同步。团队成员可以在电脑上进行编辑，然后在手机上随时查看和修改表格，方便随时随地进行协作。

以上这些都是围绕任务协作展开的功能细化，侧重于为用户提供基础的数据处理、分析和协作功能。不过，这些只是云端的常规功能，不具有严格意义上的智能属性，WPS 推出的 WPS AI 功能后，两者结合为团队协作提供了强有力的支持。

WPS AI 能够根据用户输入的少量文本或数据，自动生成完整的表格内容。例如，用户只需输入表格的主题和一些关键数据，WPS AI 即可生成相应的表格框架及初步数据，为用户提供基础模板，节省制作表格的时间和精力。

在表格编辑中，WPS AI 也可以分析用户的数据和需求，智能推荐适合的公式和函数，并自动完成编写。即使对于复杂的嵌套公式，用户也只需描述需求，WPS AI 就能准确生成。

举个例子，当需要计算剩余额度时，用户不需要记住公式语法，只需要输入一句描述："计算剩余额度＝预算金额－已用金额。"WPS AI 会自动识别需求，生成直接对应的公式，如"＝ B2 － C2"。

像 WPS 这样的 AI 云端平台，已经成为许多团队不可或缺的协作工具，而类似的产品也在迅速崛起，将云端协作和 AI 技术完美结合，为工作效率带来了质的提升。它们不仅限于表格处理，还涵盖文档编辑、项目管理、数据分析等方方面面，正在成为整合多任务、多场景的"云端大脑"，为团队协作赋能。

自组织团队：AI 赋能自主运作

在 AI 驱动的弹性用工模式下，各团队成员实现了无障碍协作，那么传统的层级化团队就不再适用于超级个体创业团队，于是自组织团队应运而生。

团队成员基于共同的目标和愿景，自主地进行任务分配、决策制定以及工作流程的优化。他们不需要传统意义上的层级式管理与严格监督，而是依靠成员间的默契、信任以及各自的专业能力来推动团队前进。

简单来说，自组织团队没有传统意义上的"领导"来分配任务或者盯着你干活，而是大家一起决定目标，分配任务，自己管自己，同时把事情做得更好。这种团队更灵活，更有主动性，也更适合那种节奏快、变化多的工作环境。

不过，自组织团队的高效是建立在成员间的默契、自主性和专业能力之上的。当团队规模扩大、任务复杂化，或者需要快速应对变化时，光靠这些并不足以支撑整个团队平稳运行。此时就需要 AI 赋能，来辅助团队成员整合信息，优化决策，识别风险。

▶ 智能信息整合

在一个自组织团队中，信息流动的高效性直接决定了任务的推进速度。在实际工作中，即便每位成员都能及时在平台上分享手头的任务信息，但这些数据往往是零散的、片段化的，就像一盘散沙，没有逻辑的连接，也没有全局的结构。团队成员各自关注自己的领域，很难在短时间内掌握整体情况。

信息整合的意义就在这里，能够把各类分散的数据、报告和文件整合成一个清晰、全面的"全景图"，让团队成员看到当前的全貌，找到工作的重点和方向。

传统的方式下，信息整合往往依靠人工整理，比如项目的负责人需要从各个部门收集材料、整理报告，再手动拼凑成一份汇总表。如今这项工作完全可以交由 AI 工具完成。

举个例子，一个负责开发新产品的团队，成员们随时在平台上更新自己的任务进展。市场部在做用户调研，收集了不少调查问卷；技术部的工作日志显示算法测试失败；设计部上传了一份产品原型的进度表。除此之外，平台上还记录了几个关键目标。

工作人员将这些零散的信息导出后，上传到 AI 工具的对话框中，并附上要求："根据这些数据，整合成一份项目进度报告，列出已完成的任务、遇到的瓶颈，以及接下来的工作安排。"

于是，得到了如图 6-7 所示的回答。

项目进度报告

（1）完成任务

　　用户调研：市场部已完成用户调研，收集500份问卷，其中300份已整理完成。

　　视觉设计：设计部完成视觉设计的80%，具备初步展示能力。

　　用户需求分析：项目第一阶段的用户需求分析已按计划完成，为后续工作提供基础支持。

（2）遇到的瓶颈

　　数据整理延迟：市场部尚有200份问卷未整理，预计需两天时间补齐，可能影响设计和功能优化。

　　技术开发滞后：技术部核心功能开发因算法测试失败延迟至少三天，整体完成率仅50%。

　　交互流程停滞：设计部因缺少用户需求数据，无法进一步细化交互流程，影响产品原型完善。

　　总体项目延误：技术功能开发比原计划推迟5天，直接影响项目整体进度。

（3）接下来的工作安排

　　加速数据整理：市场部尽快整理剩余问卷，优先提炼对设计和技术开发有价值的用户需求信息。

　　技术问题解决：技术部集中资源解决算法测试问题，制定优化方案，力争缩短开发延误时间。

　　交互流程完善：设计部在获取用户需求数据后立即推进交互流程设计，确保快速整合成果。

　　任务协调推进：项目管理团队召开全员协调会，细化任务优先级，确保各部门进度同步。

当前整体任务完成率：65%
需重点关注技术部进度提升，防止进一步拖累整体目标。

图 6-7 ChatGPT 整合项目进度信息并生成报告

就这样，一分钟的时间里，工作人员不需要手动翻看几十条任务记录，也不用费力归纳每个部门的工作重点，一份清晰、完整的报告就呈现在眼前。

AI 工具准确概括了各部门的主要工作成果，并根据目标要求和进度预期罗列出了项目推进遇到的瓶颈，安排了接下来的工作，给了团队一个清晰的进度全貌。

▶ 智能决策支持

没有领导的团队，决策的责任被分散到每个成员身上，而这往往容易因为信息不对称或者个人判断的局限性而导致效率低下或决策偏差。AI 工具能够快速分析当前的情况，提供多种解决方案，帮助团队成员在没有统一指挥的情况下，各自负责好自身领域的决策。

说回前面的例子，从图 6-8 中可以看出，设计部的工作眼下陷入了尴尬的局面。视觉设计已经完成 80%，但交互流程设计却被卡在了原地。问题的核心在于用户需求数据缺失，而市场部的问卷整理工作尚未完成。虽然已经有 300 份问卷数据可用，但这些数据未经系统化提炼，直接使用可能存在偏差，设计团队在推进交互流程时难免举棋不定。

为了打破僵局，设计团队的工作人员向 AI 工具咨询解决方案，得到了如图 6-8 所示的回复。

（1）优先提取关键数据点：

根据您描述的情况，可以先从已有的300份问卷中提取与交互流程相关的核心数据，例如用户在常见操作中的偏好、点击习惯、对功能易用性的反馈等。这些数据可以作为临时参考，避免完全停滞。

（2）构建初步交互框架：

在数据不完整的情况下，可以基于现有的视觉设计，设计一个基础的交互框架。建议从主流程入手，比如用户从首页到核心功能页面的导航路径，以及关键按钮的布局和功能优先级。等数据整理完整后，再逐步细化和优化。

（3）参考行业竞品：

您可以暂时参考与贵公司产品功能类似的行业竞品，分析它们的交互设计逻辑和常用模式。这能为当前设计提供灵感，并降低方向性错误的风险。

（4）模块化设计，降低返工成本：

建议在设计交互流程时采用模块化思路，将各部分功能独立规划。这样，即使后续需要根据新增数据调整，也只需修改相关模块，而非重做整个流程。

（5）快速验证假设：

利用现有数据建立一些假设，例如用户可能更倾向于某种导航方式或功能布局，然后通过小范围测试快速验证。这种方式不仅能为后续工作积累经验，还能避免盲目等待。

（6）动态更新设计：

在推进初步设计的同时，保持动态调整机制。每当市场部整理出一批新数据，可以即时融入当前的设计中，逐步完善，确保工作始终在优化的轨道上运行。

图 6-8 ChatGPT 给出的决策建议

从图中可以看出，AI 工具的帮助让设计部的困局有了突破，原本因为数据不完整而停滞的交互流程设计，终于找到了继续推进的方向。

从这个例子可以看出，智能决策支持最大的意义不只是解决眼前的问题，而是给出了"怎么走下去"的思路。很多时候，决策效率低不是因为没有能力，而是因为方向不明，尤其是在缺乏领导或数据不足的情况下，更容易陷入一种无力感。

AI 工具的优势就在于能够快速提供几条可能的路，把选择权交到每个成员手里，从中择优。从更广泛的角度来看，智能决策支持并不是替人做判断，而是给出不同的解决思路，让每个人的决策更加可靠，这才是 AI 赋能的真正魅力。

▶ 智能风险管理

工作中，人们的目光常常会落在眼前的问题上，比如解决一段代码的错误，赶一个设计的节点，这样很容易忽略问题背后隐藏的连锁反应。

比如前面例子中，技术部的测试失败，团队可能只看到它会导致开发延期，但并不容易察觉这次延期可能导致相关资源的重新分配，从而影响其他非核心模块的开发优先级。更隐蔽的是，测试失败可能还意味着算法模型从一开始就存在设计缺陷，而这类深层次的问题如果没有及时被识别，后续即便开发按时完成，也可能在更大规模的应用中暴露隐患，造成不可控的质量风险。

这样的风险往往隐藏在复杂的因果链条中，而人们在处理多变量动态关系时，天然容易忽略一些看似不重要但实际影响深远的因素。同时，人类的判断往往依赖经验，而经验是基于过去的情况，不一定完全适用于新的场景。比如一个项目之前顺利完成过某种算法测试，我们可能就默认它这次也会顺利，却忽略了数据源的差异会带来什么影响。

智能风险管理的价值就在于能突破这种局限，不会因为经验而产生偏见，完全基于所有输入数据，冷静而快速地建立风险模型，发现人类可能忽略的变量和关联。

在前面的例子中，以技术部的测试失败问题为例，此次测试失败主要发生在算法开发环节。原计划是对一套新设计的推荐算法进行多次迭代测试，验证其在不同数据场景下的稳定性和准确性。然而，测试过程中不断出现模型输出异常的问题。

具体表现为在使用部分新采集的数据时，算法的测试结果偏离了预期，某些情况下甚至出现了空输出或无意义的推荐。这引发了团队的初步怀疑：是否是数据质量问题导致了结果的不稳定。于是，技术团队尝试通过调整算法的超参数来改善测试结果，但在多次迭代中发现，尽管部分指标有所提升，但整体效果并不稳定，尤其在大规模数据测试中，模型性能反而下降。这表明问题可能并不局限于参数设定。

针对这种情况，AI 工具的回复如图 6-9 所示。

（1）识别潜在风险

根据测试失败的描述，AI工具识别出几类潜在风险：

数据质量风险：新采集的数据可能包含异常值或噪声，影响模型表现。如果问题未解决，后续使用更大规模数据时可能放大这种风险，导致测试结果长期偏离预期。

模型设计风险：算法架构对特定数据分布可能不适配，导致模型在特定场景下性能不稳定。如果问题源于架构缺陷，继续优化超参数可能只是治标不治本。

时间和资源风险：当前测试失败已导致开发延期，如果不迅速锁定问题根源，可能压缩后续模块的开发和测试时间，甚至影响整体交付节点。

（2）风险评估与优先级排序

工具提供了一份风险评估报告，综合考量问题的严重性和紧急程度：

数据质量风险评分为**高**，因为它直接影响测试输入的可靠性，可能导致后续所有测试结果失真。

模型设计风险评分为**中**，如果架构缺陷存在，解决难度较大，但短期内问题影响相对有限。

时间和资源风险评分为**高**，因为延误的连锁反应已开始显现，需要立即采取行动缓解。

（3）应对策略建议

短期策略：优先排查数据质量问题，对新采集的数据进行清洗和预处理，确保输入数据的稳定性和一致性。建立快速检测机制，实时监控数据异常，避免不必要的重复测试。

中期策略：针对模型设计风险，AI建议技术团队对当前架构进行敏感性分析，判断哪部分模块可能存在性能瓶颈或适配性问题。同时，工具提供了改进模型架构的几种思路供参考。

长期策略：建立动态风险跟踪系统，将当前的延误风险与后续开发环节的影响关联起来。例如，根据当前延误推算未来资源冲突的可能性，并建议重新分配任务优先级以缓解压力。

图 6-9 ChatGPT 关于项目风险的回复

这个回复分别从风险识别、风险评估、应对策略三个角度展开。先指出了数据质量和模型设计的问题，还提醒了延期可能对时间和资源分配带来的连锁影响。这些风险看似不起眼，但如果放任不管，后果可能远比预期严重。尤其是数据质量的问题，往往很难第一时间被察觉，AI 工具能帮助识别这一点，对团队来说非常重要。

回复的第二部分提供了风险评估和优先级排序。不同风险带来的影响不一样，团队在有限时间内该先处理什么、后解决什么，常常拿不准，而 AI 给出的高、中、低评分就像一个清晰的路线图，避免了资源浪费。这种评估方式很直接，让技术人员知道该把精力集中在哪个点上，比如数据问题优先处理，模型设计可以稍后调整。

最后，AI 工具提出了应对策略和动态预警机制。从短期的快速清洗数据，到中期优化模型架构，再到长期监控整个项目的风险动态，帮助团队更好地应对风险。

总之，智能风险管理的意义不仅在于发现问题，更在于提供一整套科学的解决思路，让团队能够从全局视角出发，有序应对复杂项目中的各种不确定性。这种能力在现代项目管理中尤为重要，弥补了人类在信息处理上的不足。未来，随着 AI 工具的广泛应用，风险管理的重心也将从"问题发生后解决"向"问题发生前预警"转变，让每一个项目的推进都更加稳健和可控。

结语

与 AI 共生的企业未来

回顾过去几年，从语音助手到企业管理，从自动驾驶到智慧医疗，AI 技术正以一种不可忽视的力量渗透进生产与运营的方方面面。这一趋势不仅在技术层面改变了企业的运作方式，也在深层次上推动着商业逻辑的革新。

在这种背景下，AI 超级个体的崛起和全球创业生态的融合正在加速推进。企业如何与 AI 共荣共存，正成为未来长青的关键问题。这场共生的变革不是选择，而是所有企业必须面对的必答题，谁能率先找准答案，谁就能赢得下一轮竞争的先机。

人机协作的未来工作模式

曾几何时，"AI 会取代人"的忧虑铺天盖地。人们担心 AI 技术的普及会让大量岗位消失。然而，事实真的如此吗？

回顾历史，每一次技术革命都会引发类似的恐慌。从蒸汽机的发明到互联网的兴起，人们总是担心自己的工作会被新技术取代。但结果却与人们的预期大相径庭。

比如，蒸汽机的发明最初的确使许多手工工人面临失业的风险。然而，蒸汽机带来了工业革命，催生了大量工厂，需要大量的工人来操作和维护机器，管理生产流程。人们从农业和手工业转向工业生产，整体生活水平得到了提升。

同样，互联网的兴起让许多传统媒体行业受到冲击，但也创造了程序员、网络工程师、数字营销等全新的职业。人们通过学习新技能，适应了新的就业环境，并享受到了技术进步带来的便利。

这种现象在经济学上被称为"技术进步的补偿效应"，指的是当新技术出现并取代了一些传统工作岗位时，虽然短期内会导致部分人失业，但从长远来看，会通过创造新的就业机会和产业，来补偿甚至超过这些失去的岗位。

因此，担心 AI 会大规模取代人类的忧虑，可能过于悲观。就现实情况而言，AI 出现后，真正被淘汰的并非人类，而是那些重复性高、创造性低的工作模式。AI 的出现迫使我们抛弃传统的劳动分工，进入一种全新的协作模式：那就是人机协作，如图 7-1 所示。

图 7-1　人机协作

人机协作到底是一种怎样的工作模式呢？

从表面上看，就是人与 AI 一起工作，但这个"一起"并不是简单的并列关系，你做你的，我做我的，而是一种有分工、有互动的动态合作。

在分工方面，AI 擅长处理重复性强、数据量大的任务，比如生成财务报表、分析销售数据、回答基础客户问题。这些任务不仅对精度要求高，还需要快速完成，是 AI 发挥作用的最佳场景。人则擅长复杂的决策、创意和沟通，比如设计营销策略、判断市场走向、应对棘手问题。通过让 AI 专注效率、人类专注智慧，人机协作的优势将得以充分发挥。

在具体的实践操作方面，很多人以为，人机协作的工作模式就是人发出指令、AI 执行任务的单向流程。尽管当下很多 AI 工具的应用模式的确如此，但这并不是真正意义上的人机协作，因为一切结果都依赖于人的指令，一旦指令不够准确，结果就可能偏离需求。

真正意义上的人机协作，是一种动态的交互和迭代。在理想状态下，AI 完成初始任务后，会根据人的反馈不断优化输出，最终形成一种循环改进的工作模式。这种模式背后的核心，就是机器学习技术的运用。AI 通过反馈不断修正自己的算法和结果，提升自己的"理解力"，从而更高效地辅助人完成任务。

举个例子，在内容创作中，AI 生成了一篇文案初稿，但初稿可能因为语气或表达与需求不完全契合。人类编辑在调整文案时，输入新的要求或修改建议，AI 随即根据这些反馈进行二次创作。经过这一次沟通后，再有相同或类似的创作任务，AI 就能快速给出符合要求的内容。当这样的过程一次又一次地重复着，直到有一天，AI 写出的文案基本已经可以匹配人工，甚至能超越人的期待。

这一点在数据分析领域也体现得尤为明显。AI 在分析数据时，会给出趋势预测或建议，但这些结论可能因为某些特殊因素（比如行业季节性变化）与实际情况不符。当人类对这些异常数据进行调整或标记后，AI 可以通过学习这些标注，逐渐优化自己的分析模型。结果就是，AI 在未来的分析任务中能够更好地理解和处理类似的异常情况。

因此，人机协作的过程，不只是 AI 协助人类完成任务的过程，也是人帮助 AI 将任务完成得更出色的过程。

当 AI 可以独自胜任繁杂琐碎的基础任务，人们才能真正将自身的劳动力转化为创造力。这种转化的意义，让人们在工作中找到了更多价值。这将对整个社会生产力产生质变式的推动。

那么，你是否准备好与 AI 协同工作了呢？

超级个体开启全球创业新时代

在创业的世界里，超级个体正掀起一场变革。从一个人就能撑起整个项目，到用技术与创意重新定义可能性，这种趋势正在改变资本市场的偏好、创业者的工作方式，甚至让人开始重新思考创业的本质。

过去，投资人更看重团队的协作能力和资源整合水平，认为成功的创业项目需要多角色、多部门的配合。然而，超级个体通过技术增强，将个人的效率和创造力提升到了团队级别，用极小的成本，在短时间内完成了从创意到产品验证的全过程，吸引了越来越多的风险投资机构。

当然，并不是所有行业都适合超级个体创业。

在内容创作和软件开发这些"轻量级"的领域，超级个体已经表现出极强的竞争力。这些领域的特点决定了，个体能力和技术工具可以快速转化为市场价值。但换到制造业、重工业等资源密集型行业，情况就截然不同。尽管 AI 技术能够提升生产效率，但这些行业依赖复杂的供应链和团队协作，仅凭超级个体很难完成从产品设计到大规模生产的全流程。团队的协作能力和资源整合能力，仍然是这些行业的核心竞争力。

此外，像医疗、教育这样的行业，对超级个体的接受度也处于一个微妙的平衡点。医疗行业需要高度的专业知识和人文关怀，AI 工具可以协助完成精准分析和初步诊断，但治疗方案和患者沟通仍然离不开人类专家。而在教育领域，超级个体可以通过自动化工具设计课程、评估学生表现，但教学的情感联结和个性化互动，依然是机器无法替代的。

不过，超级个体的出现本身也不是为了取代传统创业组织，换一个角度看，他们的存在为全球创业格局打开了更多可能性，甚至在很多方面重新定义了创业的方式和意义。

首先是创业的门槛变低了。过去，创业似乎是一件"高配"的事情，需要团队支持、充足的资金积累以及大量的时间投入。但超级个体用 AI 工具和技术能力改变了这一切。现在，一个人就能在极低的成本下启动项目。这种模式让更多人有机会尝试创业，尤其是在资源有限的地区。他们不需要传统的资源堆叠，仅凭创意和技术就可以突破壁垒，把想法变成现实。对这些个体来说，创业不再是遥不可及的梦想，而是只需要一台电脑和好点子就能开始的事情。

其次是创新速度的提升。超级个体凭借 AI 工具的辅助，能够更敏捷地捕捉市场需求，快速验证想法，并根据反馈实时调整策略。这种敏捷性在传统创业组织中往往很难实现，因为组织需要协调不同角色的意见，决策和执行速度受到一定限制。

再者是创业文化的转型。以往，创业是一群人围坐在会议桌旁，分工协作、头脑风暴的过程。而现在，越来越多的创业者以个人身份登场，靠一台电脑和 AI 工具支撑起整个商业计划。高度的自由，让超级个体在创业中掌握更多主动权的同时，也承担着无尽的责任和风险。这种压力是传统团队创业中不太容易感受到的，但却是超级个体每天要面对的现实。

最后值得关注的是创业地域的突破。创业一直是一件地域性较强的事情，很多项目因为缺乏跨境资源而局限于本地市场。超级个体依靠网络和 AI 工具，不仅能触达全球客户，还可以灵活适配不同市场的需求。这种跨越地理界限的能力，让超级个体成为全球市场中真正的"无国界创业者"。

在未来的创业图景中，成功的关键或许不再是谁拥有更多资源，而是谁能以最快的速度，将创意转化为实际影响力。对于每一个渴望改变的人来说，超级个体的时代，或许正是实现梦想的最佳起点。